DEUTZ
HSK
DT 948

PODSZUN

Verlag Walter Podszun
Elisabethstraße 23-25, D-59929 Brilon
Herstellung Druckhaus Cramer, Greven
ISBN 3-86133-177-2

Titelfotos: Günter Heitmann (oben links), Michael Bach (oben rechts und unten links), Gilbert Kremer (unten rechts). Foto auf dem Rücktitel: Dr. Klaus Hermann

Jahrbuch 1998 Traktoren

Liebe Leserin, lieber Leser!

An dieser Stelle möchten wir uns noch einmal sehr herzlich für die vielen Zuschriften und Telefonate bedanken, die wir zur Ausgabe 1997 erhalten haben. Wir haben uns über Ihre Kritik, Ihre Zustimmung und die vielen Anregungen sehr gefreut. Nicht immer konnten wir die Tips in die Tat umsetzen, viele Artikel mußten wegen Platzmangels unberücksichtigt bleiben. Die Auswahl haben wir uns nicht leicht gemacht, schließlich sollte das bestmögliche Ergebnis für unsere Leserinnen und Leser erreicht werden: Eine bunte Mischung vielfältiger, interessanter Themen rund um unser faszinierendes Hobby Traktoren.

Eine umfangreiche Dokumentation stammt aus der Feder von Michael Bach: „Englische Impressionen", die die Traktorsszene auf der Insel beleuchtet und durchaus auch als Führer für nach England reisende Schlepperfreunde anzusehen ist.

Der akademische Direktor der Universität Hohenheim und Leiter des dort ansässigen Deutschen Landwirtschaftsmuseums Dr. Klaus Herrmann stellt in seinem Aufsatz die zum Teil äußerst seltenen Traktoren von Hohenheim vor.

Wie ein Mitarbeiter der Firma Lanz die Zerstörug seines Werkes im Zweiten Weltkrieg und den folgenden Wiederaufbau erlebt, schildert dessen Neffe: Und das ist Manfred Nabinger, „Markt"-Mitarbeiter, freier Publizist und Autor mehrerer Bücher zum Thema „Motorrad".

Kaum bekannt dürfte sein, was es mit dem Schlepperprüffeld Bornim bei Potsdam auf sich hat. Der früher dort für die Schleppertechnik zuständige leitende Ingenieur Achim Bischof hat sein Archiv geöffnet und präsentiert einen höchst interessanten Beitrag mit vielen bisher unveröffentlichten Abbildungen.

Der in der Schlepperszene nicht unbekannte Fendt-Spezialist und Buchautor Gilbert Kremer liefert einen detailierten und kenntnisreichen Bericht über den Fendt Favorit 926 Vario.

Der bei der Landwirtschaftskammer Hannover für den Bereich Landtechnik zuständige Dipl.-Ing. Günter Heitmann berichtet sehr informativ über den Ackerschlepper als Spezialist, und seine Kollegen vom Schweizerischen Verband für Landtechnik, Willi von Atzigen und Ueli Zweifel, haben sich des Themas „Mähtechnik auf Steillagen" angenommen.

Der Spezialist für Traktoren-Modelle, Rudi Heppe, zeigt „rare Ware": Schlepper-Miniaturen aus den fünfziger und sechziger Jahren, und Axel Gerund hat bei einem Streifzug durch Ostfriesland einen begeisterten Traktoren-Sammler entdeckt und präsentiert dessen „Oldies im Dutzend".

Michael Brettnacher schließlich hat gleich drei Artikel abgeliefert: Über das Pflügen, über die Motorleistung bei landwirtschaftlichen Zugmaschinen und über die Gülle-Entsorgung.

Herzlicher Dank gilt allen Autoren und Bildgebern dieser Ausgabe. Die Bildgeber sind jeweils bei den Abbildungen genannt, nicht namentlich gekennzeichnete Abbildungen wurden von den jeweiligen Autoren zur Verfügung gestellt.

Ihnen, liebe Leserin, lieber Leser, wünschen wir viel Vergnügen bei der Lektüre dieses Jahrbuchs, dessen nächste Ausgabe am 1. Oktober 1998 erscheint.

Ihr Redaktionsteam
„Jahrbuch Traktoren"

P.S.
In unserem Verlag neu erschienen sind: Michael Bach und Wolfgang Wagner: „Prospekte berühmter Traktoren 1914-1945" und der großformatige Bildkalender „Traktoren 1998" mit Fotografien von Udo Paulitz. Fordern Sie unseren kostenlosen Prospekt mit Auto-, Motorrad- und Nutzfahrzeugbüchern an: Podszun-Verlag, Postfach 15 25, D-59918 Brilon

Hohenheim und seine Traktoren

von Dr. Klaus Herrmann

Unter allen deutschen Universitäten dürfte die mit dem zahlenmäßig größten Traktorenbestand wohl die ca. zehn Kilometer außerhalb Stuttgarts auf den Fildern gelegene Universität Hohenheim sein. Über hundert landwirtschaftliche Zugmaschinen kommen in ihrem Fuhrpark und ihren Sammlungen leicht zusammen, was zum einen durch die beachtliche Anzahl der der Universität zugehörigen landwirtschaftlichen Versuchsbetriebe, zum anderen durch das forschungsintensive Institut für Agrartechnik und drittens durch das von der Universität als zentrale Einrichtung geführte Deutsche Landwirtschaftsmuseum bedingt ist. Allein letzteres verfügt über annähernd 70 Vierradzugmaschinen in seinem Fundus, die zum überwiegenden Teil restauriert und einsatzbereit sind.

Die Tradition des motorisierten Zugmaschineneinsatzes an der im Jahre 1818 gegründeten Universität Hohenheim reicht weit zurück. Bereits im Jahre 1911 fanden auf dem Gelände der damaligen kgl. Akademie Experimente mit einem 40 PS-Stock-Motorpflug statt, der zwar die Studenten von der Technik her beeindruckte, das Königreich Württemberg als Träger der Hochschule jedoch nicht veranlassen konnte, eine solche Maschine zu erwerben.

Die erste für Hohenheim angeschaffte Zugmaschine datiert dagegen auf das Jahr 1922. Damals wurde für die sog. Hohenheimer Gutswirtschaft (heute: Meiereihof), den zentralen, auf dem Hochschulgelände gelegenen landwirtschaftlichen Versuchs- und Wirtschaftsbetrieb, ein Böblinger Motorpflug

Schloß Hohenheim, Südseite; Sitz der Universität seit 1818

angeschafft. Es handelte sich dabei um einen in der „Werft“ des ehemaligen Militärflughafens Böblingen hergestellten Tragschlepper, der über einen 2 Zyl.-Kämper-Motor mit 22 PS Leistung verfügte. Neueste Forschungen haben gezeigt, daß diese Böblinger Zugmaschinen, von denen heute vermutlich keine einzige mehr existiert, seinerzeit so selten nicht waren. In Württemberg jedenfalls rangierten sie als Marktführer weit vor so renommierten Fabrikaten wie Deutz, Stock, Lanz oder Hansa-Lloyd.

Doch glücklich wurde die Hohenheimer Gutswirtschaft mit der Zugmaschine nicht. Das geflügelte Wort vom Motorpflug, der stinkt und raucht, aber grundsätzlich versagt, wenn man ihn bei der landwirtschaftlichen Arbeit braucht, machte daher zu Recht unter den Studenten die Runde. Man erwarb deshalb 1925 eine von Pöhl in Gößnitz gebaute Ackerbaumaschine, mit der einige Jahre zuvor schon von dem Hohenheimer Landtechnik-Professor Meyer Versuche durchgeführt worden waren. Mit dem Kauf der Pöhl-Ackerbaumaschine entsprach die staatliche Hochschule übrigens den Vorgaben der offiziellen Agrarpolitik, die vehement gegen den Einsatz des amerkanischen Fordson-Schleppers Stellung bezog. Obwohl technisch überlegen und in der Anschaffung günstiger, sah die Obrigkeit im Fordson ein Erzeugnis der Sieger von 1914/18, das auf einem deutschen landwirtschaftlichen Musterbetrieb nichts zu suchen hatte.

Doch auch die Pöhl-Ackerbaumaschine erwies sich im praktischen Einsatz als nur bedingt tauglich. Die Reparaturhäufigkeit war so hoch, daß man sich in Hohenheim bereits nach kurzer Zeit erneut nach einer anderen Zugmaschine umschaute. 1929 trennte man sich endgültig vom Pöhl-Schlepper und erwarb den ersten Lanz-Bulldog. Schwer gefallen ist diese Entscheidung nicht. Das Modell HR 5 in der eisenbereiften Version galt inzwischen als ausgereift, verfügte über den als robust bekannten Einzylinder-Zweitakt-Glühkopfmotor mit 30 PS Leistung und konnte, was den Hohenheimern wichtig war, bereits mit der Thermosyphonkühlung aufwarten.

Die Zufriedenheit der Hochschule mit dem aus dem benachbarten Baden kommenden Bulldog ist unter anderem daran zu erkennen, daß vier Jahre später ein weiterer Lanz Schlepper, diesmal in der Version 22/28 PS, angeschafft wurde. Auch diese Zugmaschine war eisenbereift und wurde vor allem vor Pflug, Kartoffelroder und Mähbinder eingesetzt. Mit dem fünften Hohenheimer Traktor, einem 38 PS starken Lanz-Bulldog vom Typ HR 8, begann endlich der Einsatz luftbereifter Zugmaschinen. 1935 angeschafft, zählte dieser Bulldog unstrittig zum Besten, was auf dem Traktorenmarkt zu bekommen war. Mit ihm trug die Hochschule ihrem hohen Anspruch Rechnung, ein landwirtschaftlicher Vorzeige- und Musterbetrieb zu sein, an dem die Studenten zukunftsorientiert ausgebildet werden.

Der Robustheit der Lanz-Bulldogs ist es weitgehend zuzuschreiben, wenn in den Folgejahren keine weiteren Traktoren für Hohenheim angeschafft wurden. Hinzu kam, daß ab 1939 kriegsbedingt veränderte Prioritäten gesetzt wurden. Neuanschaffungen wurden jedenfalls, wenn überhaupt, auf dem Gebiet der Arbeitsmaschinen getätigt. Wurden Zugkräfte benötigt, so griff man verstärkt auf Rinder zurück, damit der Kraftstoffbedarf nicht weiter gesteigert wurde. Umso überraschender ist es, daß 1944 dennoch ein neuer, der nun insgesamt sechste, Traktor für Hohenheim zur Anschaffung gelangte. Erworben wurde ein Generatorschlepper der Firma Hermann Lanz, Aulendorf, der über einen von Deutz gefertigten Generator verfügte, der mit festen Brennstoffen umständlich zu „betanken“ war. Doch was sollte man machen? In schwieriger Situation sollte dieser Schlepper helfen, die durch Tieraushebungen in der Zugkraftausstattung gefährdete Hohenheimer Landwirtschaft in Gang zu halten, eine Vorgabe, die annähernd erreicht werden konnte. Welche der Hohenheimer Vor-

Böblinger Zugmaschine auf den Feldern des Meiereihofs, um 1924

Pöhl, Ackerbaumaschine, in den zwanziger Jahren der zweite Hohenheimer Schlepper

Blick in die Ausstellungshalle des Deutschen Landwirtschaftsmuseums mit Mechwart-Fräse (1895) und Lanz-Bulldog (1923)

Der wohl älteste erhalten gebliebene Unimog, Baujahr 1948

DLM Ausstellunghalle mit Linke-Hofmann-Raupe und Fahr Holzvergaser

„Schlepperparade“ in der DLM-Ausstellungshalle

kriegszugmaschinen den 2. Weltkrieg überdauert haben, ist nicht bekannt. Auf jeden Fall aber wechselten sich französische und amerikanische Truppen auf dem weithin unzerstört gebliebenen Hohenheimer Hochschulgelände ab. Sie haben sich an den beweglichen Gütern mehr oder weniger umfassend schadlos gehalten, so daß ab Mitte 1945 in Hohenheim eine Landwirtschaft auf der Hand- und Gespannarbeitsstufe zu betreiben war.

Mit Investitionen hielt sich die Hochschule in den ersten Nachkriegsjahren zurück. So dauerte es bis zum Jahre 1950, ehe erneut ein Traktor für die Gutswirtschaft angeschafft werden konnte. Es handelte sich diesmal um einen 25 PS starken Unimog, der im nur ca. 40 Kilometer entfernt liegenden Göppingen bei der Fa. Gebrüder Böhringer hergestellt worden war. Von seinen Vorzügen hatten sich die Hohenheimer zuvor schon auf mehreren Demonstrationen, so unter anderem anläßlich der KTL-Tagung des Jahres 1947 in Rothenburg o.d.T., überzeugen können. Tatsächlich sollte mit dem Unimog nicht nur im Feld gearbeitet werden. Nahezu ebenso wichtig war seine Verwendung bei leichten Transporten, wie sie zum Beispiel im Zusammenhang mit der seinerzeit hohe Wertschätzung genießenden Hohenheimer Milchwirtschaft erforderlich waren. Hohenheimer Vorzugsmilch war in Stuttgart sehr begehrt und sollte Tag für Tag in den Stuttgarter Kessel befördert werden, was mit Tiergespannen nur mühsam zu bewerkstelligen war. Der Unimog hat aber nicht nur bei diesen Aktivitäten seinem Namen als „Universalmotorgerät" alle Ehre gemacht. Seiner Vielseitigkeit, die durch die Anschaffung von passenden Anbau- und Anhängegerätschaften schon bald umfassend genutzt wurde, ist es maßgeblich zuzuschreiben, wenn seit nunmehr 47 Jahren ununterbrochen Unimogs zum festen Bestandteil des Hohenheimer Zugmaschinenfuhrparks zählen.

1951 brachte mit dem Kauf von gleich drei Traktoren den Durchbruch hin zur motorisierten Landwirtschaft. Von Schmotzer, Bad Windsheim, kam eine von einem 10 PS-Farymann-Dieselmotor angetriebene selbstfahrende kombinierte Drill- und Hackmaschine, die als Pflegeschlepper über Jahrzehnte hinweg gute Dienste leistete. Für leichte Pflugarbeiten und die Fülle der Hofarbeiten war dagegen ein Hanomag R 22 vorgesehen, der, mit Kraftheber, Gitterrädern, Frontlader, Schüttgutschaufel, Rübengabel und Mähwerk ausgestattet, alle Voraussetzungen für einen Einsatz als Kraftzentrale mit sich brachte

Das Ackern der teilweise schweren Hohenheimer Böden sollte dagegen einer gleichfalls bei Hanomag hergestellten Ackerraupe vorbehalten bleiben. Gekauft wurde eine Raupe des Typs K 55, die über hervorragende Zugeigenschaften bei geringem Bodendruck verfügte. Auch vor dem gleichfalls seit 1951 in Hohenheim vorhandenen Mähdrescher Claas Super kam die Raupe zum Einsatz, die, wie Zeitzeugen berichten, über viele Jahre hinweg zum unverzichtbaren Helfer der Hohenheimer Landwirtschaft wurde.

In den folgenden Jahren wuchs der Zugmaschinenbestand in Hohenheim weiter an. Die ganze Breite der Radschlepper kam jetzt zum Einsatz, wobei stets der Grundsatz galt, daß nach der praktischen Nutzung eine Aufbewahrung von Maschinen für museale oder demonstrative Zwecke nicht in Betracht kam. Zur Ausmusterung anstehende Schlepper gelangten denn auch stets zur öffentlichen Versteigerung, ganz gleich in welchem Zustand sie sich befanden. Gelegentliche Skepsis gegenüber diesem Verfahren kam schon auf, zumal unter den zur Versteigerung abzugebenden Zugmaschinen sich auch solche befanden, die mit Fug und Recht als historisch wertvoll bezeichnet werden können. Dies trifft beispielsweise auf einen der Universität Hohenheim geschenkten Jubiläums-Unimog zu, der erst in der achtziger Jahren anläßlich einer öffentlichen Versteigerung in Privathände gelangte.

Schlüter HG 25, Baujahr 1943

Hanomag R 28, von Dr. Kißling, Domäne Monrepos

Seit 1941 in Hohenheim zuhause: Irus Motormäher mit Fichtel & Sachs-Motor

Lanz 1306 mit Messerbalken bei Probefahrt in der Versuchsstation für Gartenbau

Eines von vielen Schnittmodellen des Deutschen Landwirtschaftsmuseums: Lanz 1706, Baujahr 1954

Gaiser Muli; ein Unikat unter Deutschlands Schleppern

Hanomag R 12 vor Fünf-Schar-Kipp-Pflug des Deutschen Landwirtschaftsmuseums

Ruhrstahl-Geräteträger mit Frontlader, einer von vielen Geräteträgern in der Sammlung des DLM

Hinsichtlich des Fabrikats gab es in Hohenheim Ende der siebziger Jahre zweifelsohne eine starke Präferenz für Mercedes-Benz. Unimogs und vor allem MB tracs waren auf dem Meiereihof, im Fuhrpark des Instituts für Agrartechnik, bei der Fahrbereitschaft und auf den anderen Versuchsbetrieben in beachtlicher Anzahl vertreten. Hinzu kamen einige Fendt-Schlepper, zumeist in der Version als Geräteträger und Frontladerfahrzeug. Besonders stolz aber war man in Hohenheim Ende der siebziger Jahre auf einen Fendt Favorit 612 LS, der als einer der ersten Schlepper mit integrierter Kabine neue Perspektiven eröffnete.

Gelegentlich fand auch einmal ein Schlüter-Traktor den Weg nach Hohenheim. So setzte man bei den Pflanzenzüchtern einige Jahre einen 45 PS-Schlüter mit Frontlader ein, der jedoch Anfang der achtziger Jahre ebenfalls zur Versteigerung kam. An der Landesanstalt für Landwirtschaftliches Maschinenwesen, die eng mit dem Institut für Agrartechnik kooperiert, führte man zu Beginn der neunziger Jahre sogar mit einem 1800er Schlüter-Tractomobil Versuche durch, dessen 6 Zyl.-MAN Motor gegen einen Rapsölmotor der Dieselmotorenwerke Schönebeck ausgetauscht worden war. Die dabei allerdings auftretenden und sich zuletzt als unlösbar erweisenden Probleme insbesondere im Hinblick auf den Schwingungsausgleich nahmen jedoch schon nach kurzer Zeit allen Beteiligten die Freude an dem Projekt.

Mit der Produktionseinstellung des MB trac Ende 1991 stellte sich in Hohenheim die Frage nach einer Alternative. Gleich mehrere Gründe sprachen für den vermehrten Einsatz von John Deere Traktoren, so neben gemeinsamen Forschungsvorhaben auf dem Gebiet der Entwicklung und Nutzung alternativer Treibstoffe vor allem der Umstand, daß sich dieser Hersteller mit Sitz in Mannheim im Lande Baden-Württemberg befindet. Doch auch Case mit seinen Magnum- und Maxxum-Schleppern sowie Fendt mit den Modellen der 500er und 800er Serie vermochten während dieser Umbruchphase in Hohenheim stärker in Erscheinung zu treten. Selbst ein in Sankt Petersburg hergestellter K 700 A fand im Anschluß an die große politische Wende den Weg nach Hohenheim, so daß das aktuelle Schlepperbild im Vergleich zu früheren Jahren mit Fug und Recht als bunter und abwechslungsreicher bezeichnet werden kann.

Die breiteste Traktorenvielfalt in Hohenheim bietet jedoch unstrittig das Deutsche Landwirtschaftsmuseum. Hervorgegangen aus einer zunächst vom Institut für Agrartechnik angelegten Sammlung, wird es seit 1972 gesondert geführt und in seinem Sammlungsbestand systematisch ergänzt. Seine älteste landwirtschaftliche Zugmaschine datiert auf das Jahr 1895 und ist eine von Alexander Mechwart bei Ganz in Budapest hergestellte selbstfahrende Fräse. Die annähernd 3,5 t schwere Ackermaschine wird von einem 2 Zyl.-Bankyi-Petroleum-Motor angetrieben, der sich jedoch nicht in betriebsbereitem Zustand befindet und als Denkmal auch nicht restauriert werden soll. Technisch ausgereifter ist dagegen der zweitälteste Schlepper des Deutschen Landwirtschaftsmuseums, ein Lanz-Bulldog HL 12, Bauj. 1923. Er dokumentiert die Motorisierungsbemühungen der Jahre unmittelbar nach dem Ersten Weltkrieg, als etliche Hersteller Stationärmotoren auf Fahrgestelle montierten und sie mittels einer Kette zur Achse zu Selbstfahrern machten. Als „richtiger" Ackerschlepper ist dagegen der museumseigene Hanomag WD 28 anzusehen. Vor allem auf Mittel- und Großbetrieben Norddeutschlands zu Hause, steht er für die Schleppergeneration, die in den Zwanziger Jahren in der Auseinandersetzung mit dem amerikanischen Fordson gebaut wurde.

Bevor ab 1933 Niederdruck-Luftgummireifen die Verwendungsbreite von Schleppern nachdrücklich erhöhten, waren die Vorteile von Raupenfahrzeugen im landwirtschaftlichen Einsatz unübersehbar. In der

Schmotzer-Kombi mit Hassia-Drillmaschine beim Einsatz auf den Hohenheimer Versuchsfeldern

Wer zieht wen? Ursus, 45 PS, des DLM vor Fendt-Farmer

Fendt-Favorit 612 LS als Versuchsschlepper

MB-trac mit Reifenprüfstand des Instituts für Agrartechnik

MB-trac bei der Bodenbearbeitung im Hohenheimer Heidfeld

Hohenheimer Sammlung wird diese auf schweren und feuchten Böden erfolgreiche Traktorengattung durch einen Linke-Hofmann-Raupenschlepper der späten zwanziger Jahre demonstriert. Angetrieben von einem 50 PS-4 Zyl.-Kämper-Motor, kam die Zugmaschine vor allem vor dreischarigen Eberhardt-Anhänge-Beetpflügen zum Einsatz, die einen entsprechend hohen Zugkraftbedarf besaßen. Mit einem Zweischarpflug mußte sich dagegen der Hohenheimer 35 PS-Ackerbulldog des Baujahrs 1939 zufrieden geben. Der aus dem Raum Pforzheim nach Hohenheim gelangte Traktor ist übrigens hervorragend restauriert und wird bei den alljährlichen Hohenheimer Feldtagen immer wieder im Praxiseinsatz demonstriert. Für Einscharpflüge ausgelegt war dagegen der legendäre „Elfer-Deutz". Annähernd zwanzigtausendfach vor dem Zweiten Weltkrieg verkauft, leitete er, wie es in der Literatur immer wieder heißt, die Motorisierung der kleinbäuerlichen Betriebe maßgeblich ein.

Die Kriegsjahre finden sich in Hohenheim mit gleich zwei Holzgasschleppern vertreten. Der Fahr HG 25 des Baujahrs 1943 besitzt seinen Generator zwischen den Achsen, während bei dem Schlüter HG 25 der Generator vor der Vorderachse montiert wurde. Beiden Zugmaschinen gemeinsam ist, daß sie durch den Generatoreinbau keineswegs handlicher geworden sind. Tritt beim Fahr-Schlepper vor allem der vergrößerte Achsabstand negativ in Erscheinung, so macht sich beim Schlüter Holzvergaser die Unübersichtlichkeit nach vorn für den Fahrer unangenehm bemerkbar. Auch ist das Eigengewicht der Traktoren durch die Generatoreinbauten beträchtlich höher geworden. Doch was blieb den Landwirten ab 1943 anderes übrig? Mit dem Verbot des

Einsatzes von flüssigen Treibstoffen in der Landwirtschaft hieß die Alternative entweder Holzgaser oder überhaupt kein Traktor, und da war wenig bekanntlich immer noch besser als nichts.

Die Hohenheimer Schlepper der ersten Nachkriegszeit reichen vom wohl ältesten erhalten gebliebenen Unimog (Prototyp mit der Fahrgestellnummer 5, Bauj. 1948!) über einen 12 PS-Zanker M1 bis hin zum Gutbrod Farmax. Kennzeichen des Zanker-Traktors war zum einen der 1 Zyl.-Zweitakt-Dieselmotor und zum anderen die Tatsache, daß hier ein erfolgreicher Haushaltsgerätehersteller vom Motor bis zum Getriebe einen kompletten Schlepper in Eigenregie entwickelt und produziert hatte. Der Gutbrod Farmax dagegen gilt als Pionier der Geräteträgerfahrzeuge. Ihm zugrunde lag die Konzeption des Endres'schen Packesels, der ohne allzu große Umbauten transportieren, ziehen, heben und arbeiten können sollte. Allerdings hatte man dem Farmax mit einem solchermaßen umfassenden Tätigkeitskatalog denn doch des Guten zuviel zugemutet. Die 10 bzw. 12 PS-Motoren erwiesen sich zumeist als zu schwach, umso erfreulicher, daß der 10 PS-Motor des Hohenheimer Farmax noch betriebsbereit ist.

Erfolgreicher als die in Plochingen/Neckar hergestellten Farmax-Schlepper waren zweifellos die 1951 auf den Markt gekommenen Lanz-Geräteträger mit der Bezeichnung Alldog. Das Deutsche Landwirtschaftsmuseum besitzt gleich drei dieser legendären Geräteträger, die als Transporter, dann als selbstfahrende Drillmaschine und schließlich als Spritzfahrzeug ausgelegt sind. Zur Geräteträgersammlung zählen ferner die beiden Ruhrstahl-Landmaschinen. Mit ihren hochgezogenen Rah-

Schneider-Geräteträger in der Versuchsstation für Gartenbau

Alltägliche Schlepper-Parade auf dem Gelände des Instituts für Agrartechnik

Deutz 60 PS-Raupe, Baujahr 1954, auf der Fahrt in das neue Ausstellungsgebäude

men, den unmittelbar im Rücken des Fahrers eingebauten 20 PS-Henschel-Motoren und der guten Sicht auf die verschiedenen Anbauräume verkörperten sie ein grundsätzlich neues Schlepperkonzept, daß sich allerdings nicht zuletzt der Schwachstellen im Rahmen wegen auf Dauer nicht hat durchsetzen können. Gleichwohl hält die Popularität der Ruhrstahl-Landmaschinen ungebrochen an. Vor allem im Bereich des ökologischen Landbaus schwärmen nach wie vor traditionsbewußte Bauern von ihrem „Ruhrstahl", der ob seines geringen Eigengewichts, der vielseitigen Einsatzmöglichkeiten und der ausgezeichneten Übersicht vom Fahrersitz aus überall dort Freunde besitzt, wo ökologisch und ergonomisch ausgerichtetes Arbeiten gefragt ist. Abgerundet wird die Geräteträgersammlung des Deutschen Landwirtschaftsmuseums durch Zugmaschinen von Fendt (GT 225), Eicher (Kombi), Claas (Huckepackl) und VEB Schönebeck (RS 08/15 und RS 09/124). Zusammen lassen sie deutlich werden, was bis weit in die fünfziger Jahre hinein mit dem Schlagwort vom „Einmannbetrieb" angestrebt worden ist. Ein Bediener, so die Vorstellung der Fahrzeughersteller, sollte mit seinem Traktor möglichst alle landwirtschaftlichen Tätigkeiten der Außenwirtschaft ohne große Umbauaktionen erledigen können, ein hochgestecktes Ziel, das zwar für Klein- und Mittelbetriebe erreichbar war, für Großbetriebe jedoch nicht realisierbar ist. Da dominieren vielmehr nach wie vor die leistungsstarken, schweren Zugschlepper, die längst über Zapfwellen und Hydraulik verfügen und so zum Kraftzentrum landwirtschaftlicher Gerätekombinationen geworden sind.

Besonders stolz ist das Deutsche Landwirtschaftsmuseum auf seinen grauen Ferguson TE-F 20 (27 PS) mit Original-Zwei-Schar-Anbaupflug. Diese 1946 von dem Iren Harry Ferguson in den Hallen der britischen Standard-Werke hergestellte Kombination überzeugte die Landwirte von Anbeginn an durch die Verwendung von Kraftheber und Regelhydraulik. Unabhängig von allem Normenstreit jener Jahre erkannten sie in dem liebevoll „little grey Fergie" genannten Traktor eine Maschine, mit der vom Sitz aus gearbeitet werden konnte. Wie richtig die Bauern in dieser Einschätzung lagen, bestätigt nicht zuletzt die Tatsache, daß nahezu alle modernen Traktoren wie selbstverständlich über von Harry Ferguson ausgeklügelte Elemente verfügen. In der Hohenheimer Sammlung trifft dies beispielsweise für verschiedene Hanomag- und IHC-Traktoren zu, die zusätzlich noch über weitere „Highlights" verfügen. Beim Hanomag R 28 beispielsweise sind dies die großen Räder, die der Zugmaschine eine ungewöhnlich hohe Bodenfreiheit verleihen, während beim IHC McCormick 326 die Agriomatic besticht. Dieses Getriebe galt zu Beginn der sechziger Jahre als revolutionär und wird zu Recht als eines der ersten bezeichnet, das wesentliche Elemente einer Lastschaltung besitzt.

Da Hohenheim in Südwestdeutschland liegt, sind süddeutsche Fabrikate in der Sammlung besonders stark vertreten. Traktoren von Allgaier, Uhingen, Holder, Metzingen, Kramer, Gutmadingen, Stihl, Waiblingen, oder Fawi (Fahrzeugbau Widmann, Waiblingen) unterstreichen die einst in Baden-Württemberg gebotene Schleppervielfalt.

Bahnbrechend waren zwei Traktorenentwicklungen des Jahres 1972. KHD stellte damals den Intrac und Mercedes-Benz den MB trac vor. In beiden Fällen handelte es sich um sog. Systemschlepper, die unter anderem über mehrere Anbauräume, Vor- und Rückwärtsfahrt, mittig bzw. frontseitig angeordnete Fahrerkabine verfügten. Von der Ungewöhnlichkeit beider Konzepte kann man sich im Deutschen Landwirtschaftsmuseum eindrucksvoll überzeugen. So gehört ein großformatiges Modell des Intrac 2005 ebenso zur Sammlung wie ein Original-MB trac. Das Intrac-Modell wurde seinerzeit in der Kölner KHD-Modellwerkstätte gefertigt, als der Vorstand eine Entscheidung zu treffen hatte, ob ein solches Fahrzeug in Serie gehen soll oder nicht. Das Votum fiel damals übrigens positiv aus, ohne jedoch den wirtschaftlichen Erfolg des Intrac gewährleisten zu können. Der Hohenheimer MB trac dagegen diente Mercedes-Benz in Gaggenau lange Jahre als Ausstellungs- und Schulungsobjekt. Ohne Kabine und Lenkung läßt er Einblicke in die trac-Technik zu, die im Museum durch eine Fülle informativer Schaubilder noch zusätzlich hervorgehoben wird. Beide Fahrzeuge verdankt das Deutsche Landwirtschaftsmuseum übrigens einem seiner zahlreichen Freunde und Förderer, Karl Detlefsen aus Gaggenau, der die Entwicklung der landwirtschaftlichen Trac-Schlepper über Jahre aktiv mitgestaltet hat.

Eine der vordringlichsten Aufgaben des Deutschen Landwirtschaftsmuseums ist es, landtechnische Meilensteine zu sichern, zu restaurieren und in ihrer Bedeutung zu erläutern. Dies heißt aber auch, daß Schwerpunkte gesetzt werden müssen. So kann nicht jeder Traktor gesammelt und aufgehoben werden, wenn es aber um einen 15 PS Deutz-Schlepper des Typs KB (=kurze Bauweise) geht, dann fällt die Entscheidung für eine Übernahme nicht schwer. Mit seinem luftgekühlten 1 Zyl-Motor hat dieser Traktor in der Nachkriegszeit der landwirtschaftlichen Motorisierung neue Dimensionen erschlossen. Robust, reparaturunanfällig, zugstark und optisch ansprechend, entschieden sich zahlreiche Bauern für seine Anschaffung und katapultierten so den Hersteller in die Position eines der Marktführer hinein. Und aus dieser gestärkten Position konnte KHD weitere Akzente im deutschen Traktorenbau setzen. Der Deutz 8005 beispielsweise galt mit seinem 80 PS 6 Zyl.-Motor einige Zeit als das „Flaggschiff" der Kölner Traktorenschmiede. Im Deutschen Landwirtschaftsmuseum ist dieser Typ in einem ansehbar restaurierten Exemplar vertreten und eröffnet die Perspektive für den Traktorenbau der siebziger und achtziger Jahre. Dieser beginnt bereits „museumswürdig" zu werden, man denke nur an Eicher- und Schlüter-Traktoren, die längst zu Blickfängen auf den häufigen Oldtimer-Veranstaltungen geworden sind. Hier „am Ball" zu bleiben, ist das Ziel der Hohenheimer, die es ihren Studenten, den vielen Tausenden von Besuchern und der deutschen Landwirtschaft insgesamt schuldig sind, die herausragenden Leistungen der Bauern und Techniker der Nachwelt auch in Zukunft in exemplarischen Einblicken zu erhalten.

Und bei diesem Bemühen stehen sie nicht allein. Einer umfassenden Initiative von Bundeslandwirtschaftsmuseum, Land Baden-Württemberg, Universität Hohenheim und zahlreichen privaten Förderern ist es zu verdanken, daß am 28. April 1997 eine zusätzliche Ausstellungshalle des Deutschen Landwirtschaftsmuseums eröffnet werden konnte, die ausschließlich dem Thema „Motorisierung der Landwirtschaft" gewidmet ist. Auf 1400 qm überdachter Ausstellungsfläche können nun über 60 Vierradtraktoren, 30 Einachsschlepper, ca. 15 Stationärmotoren und drei mächtige Dampfmaschinen (zwei Heucke-Dampfpflug-Lokomotiven, Bauj. 1911, und eine Garrett & Smith Lokomobile, Bauj., 1901, sämtlich restauriert und TÜV abgenommen!) gezeigt werden.

Was die hier vorzustellenden Vierradschlepper anbelangt, so sind sie thematisch angeordnet. „Glühköpfe" heißt beispielsweise eine der ersten Ausstellungsgruppen, die neben Lanz-Bulldogs noch je einen Ursus- und HSCS-Glühkopf-Traktor umfaßt. Reizvoll ist ferner eine ausschließlich Traktoren der Vorkriegszeit gewidmete Fahrzeuggruppe. Neben Zugmaschinen von Deutz und Hanomag gehören interessante Fahrzeuge von Güldner und Primus dazu.

Mit der Abteilung „Schwabenstreiche" trägt das Museum den herausragenden technikgeschichtlichen Leistungen badenwürttembergischer Hersteller Rechnung, Und wer würde nicht aufmerken, wenn es in einer weiteren Abteilung „Marktführer"

Hanomag WD vor Fendt bei der Einfahrt ins Museumsgebäude

Mit eigener Kraft rollt eine Heucke-Dampfpflug-Lokomotive, Baujahr 1911, in die Ausstellungshalle

um Schlepper der Hersteller Hanomag, IHC und KHD geht! Tatsächlich stehen hier passabel hergerichtete Traktoren von drei Firmen, ohne die die deutsche Nachkriegsschleppergeschichte grundlegend anders verlaufen wäre. Da kann schon ein wenig Wehmut aufkommen, wenn man Hanomags vom R 12 bis zum R 28, IHC-Schlepper vom 217 bis zum 326 und Deutz Traktoren mit Leistungen von 15, 40 und 80 PS einträchtig nebeneinander stehen sieht. Immerhin rangierten sie einst allesamt ganz hoch in der Gunst deutscher und ausländischer Landwirte, begründeten maßgeblich den bis in die Gegenwart ungebrochen anhaltenden exzellenten Ruf der deutschen Landtechnik und doch wurden ihre Herstellerfirmen in der Folgezeit gewaltigen Veränderungen unterworfen.

So gehört Hanomag längst zu dem japanischen Baumaschinenkonzern Komatsu und hat die Traktorenfertigung eingestellt. KHD wiederum ist vollkommen aus dem Landtechnikgeschäft ausgestiegen und firmiert heute am traditionellen Firmenstandort Köln als „Deutz". Die Deutz-Fahr-Schlepperfertigung hingegen wurde an den italienischen Traktorenhersteller Same verkauft und wird derzeit in Lauingen fortgesetzt. Bleibt noch IHC, das allerdings vor Jahren schon von dem nordamerikanischen Landmaschinen-Konzern Case übernommen wurde. Bis zum 30. Juni 1997 hat Case in Neuss noch „Case-IH" Schlepper hergestellt, doch ist dies nun auch zu Ende, so daß die deutsche Traktorenlandschaft erneut um ein geschichtsträchtiges Kapitel ärmer geworden ist.

Erinnerungen weckt im Deutschen Landwirtschaftsmuseum schließlich auch noch der Abschnitt „Sonderfahrzeuge". Vertreten sind Zugmaschinen der Hersteller Orenstein & Koppel, Merck, Gutbrod und Opel. Letzterer Namen macht Insider sofort wieder hellhörig. Tatsächlich handelt es sich um einen mehrfach umgebauten sogenannten „Opel-Kulmus-Traktor" der späten zwanziger Jahre. Das zuletzt als Zugmaschine mit Staplereigenschaften eingesetzte Fahrzeug leistete bis Anfang der neunziger Jahre bei der Fa. Claas, Saulgau, gute Dienste. In den dortigen Büchern wurde es als „Opel-Schlepper" geführt, eine Einschätzung, die sich bei Prüfung aller Unterlagen als zutreffend erwies. Wie und wann jedoch der „Opel-Kulmus", zwischenzeitlich mit einem Mercedes-Motor ausgestattet, in den Besitz der Fa. Bautz , des Vorgängers der Fa. Claas, Saulgau, gelangte, ist nach wie vor offen. Um so größerer Dank aber gebührt Herrn Dipl-Ing. Schlagenhauf, der rechtzeitig erkannte, daß diese Zugmaschine von beachtlichem technikgeschichtlichen Wert ist.

Diese Einschätzung aber dürfte auch auf die Ausstellungshalle insgesamt zutreffen. Von dem Stuttgarter Professor Wagner entworfen, bietet sie sich als großräumig gegliedertes Gebäude aus den Werkstoffen Holz und Beton dar. Ihre lichte Höhe von bis zu acht Metern ist großzügig genug und läßt selbst die größten eingestellten Traktoren gut zur Geltung kommen. Im Inneren erfährt sie eine zusätzliche Aufwertung durch den von dem Stuttgarter Künstler Oesterle gestalteten Bilderfries. Er umfaßt 63 großformatige Abbildungen von Zugmaschinen und präsentiert sich als aussagekräftige Chronik der landwirtschaftlichen Motorisierung. Damit ergänzt der Bilderbogen die Zugmaschinenparade in angemessener Weise, liefert ergänzende Informationen und läßt das Hohenheimer Museum der Vorgabe, der Traktorengeschichte ein würdiges Forum zu bieten, ein großes Stück näherkommen.

Mähtechnik auf Steillagen

von Willi von Atzigen und Ueli Zweifel

Auf dem Spezialgebiet der Futterernte in Hang- und Steillagen haben sich in den Alpenländer sehr leistungsfähige Landmaschinenfirmen erhalten. Sie sind namentlich im Kommunalbereich inzwischen auf dem Gebiet der Kommunaltechnik auch sehr stark ins Exportgeschäft eingestiegen.

Die Schweizer Hersteller, AEBI Burgdorf, Bucher und Rapid sowie Reform aus Österreich haben in den letzten Jahren einerseits große Anstrengungen unternommen, im Marktsegement der Motormäher den Komfort und die Sicherheit wesentlich zu verbessern. Andererseits sind aber auch die sogenannten Zweiachsmäher und hangtaugliche Mähtraktoren in der Regel mit Breitbereifung auf dem Markt, die sehr viel leistungsfähiger und polyvalenter einsetzbar sind als Motormäher.

Motormäher

Der Motormäher ist mangels genügender Auslastung im allgemeinen eine teuere Maschine. Im Flachlandbetrieb wird er zum Anmähen eingesetzt und kommt dann schon auf eine akzeptable Auslastung, wenn er noch zum täglichen Eingrasen verwendet wird. Im Berggebiet hingegen ist er, mit dem Heubalken ausgerüstet, nach wie vor von großer Wichtigkeit bei der Bewältigung der Winterfutterernte vom Schneiden über das Zetten bis zum Schwadlegen. Die sehr grosse Hangtauglichkeit und die Vielfalt der Kombinationsmöglichkeiten macht den Motormäher auch zu einem wichtigen Gerät bei der Pflegemassnahmen z.B. entlang von Strassen und auf öekologischen Ausgleichsflächen.

Bergmäher AM 20

Hydrocut HC 55

Komfort-Eingrasmäher
AM 42

Rapid Euro Hydrostat

Leistungsfähigkeit von Zweiachsmähern und Mähtraktoren

Zweiachsmäher	Motorleistung	Ausrüstung/Einsatz
– klein	13-20 kW (18-27 PS)	Messerbalken, Bandrechen
– mittel	21-29 kW (28-39 PS)	Kreiselmähwerk, Kreiselheuer,Heckhubwerk
– groß	30-42 kW (40-57 PS)	hangtauglich, leistungsfähig, vielseitig, leichte Ackerarbeiten, Kommunalarbeiten
Mähtraktor	22-35 kW (30-48 PS)	Doppelräder, vielseitig

Messerbalken

In allen Wiesenbeständen und einen sauberen Schnitt, eine möglichst geringe Störanfälligkeit, lange Einsatzzeiten der Messer ohne Nachschleifen und einfache Einstellmöglichkeiten, so lassen sich die wesentlichen Eigenschaften eines modernen Messerbalkens umschreiben. Verschiedene Detailverbesserungen sind in dieser Beziehung vorgenommen worden. Sogenannte Hochschnittbalken, auch Normalschnittbalken genannt, bieten am wenigsten Verstopfungsprobleme. Was den Weg des beweglichen Messerbalkens anbelangt, erzielen die Firmen AEBI mit dem „Kurzhub" und Rapid mit dem „Langhub" das gleich positive Ergebnis hinsichltich Zuverlässigkeit unter schwierigen Schneidbedingungen. Scheibenmähwerke oder gar Trommelmähwerke kommen wegen des zu grossen Gewichtes und Kraftbedarfs nicht in Frage.

Zum Eingrasen für die tägliche Frischfutterverfütterung im Rindviehstall gibt es seit rund 30 Jahren den sog. Schneidezusatz mit dem Mulchbalkenteil, mit dem bereits geschnittenes Gras unterfahren werden kann. Diese Technik wird seit längerem beim Heugrasbalken auch beidseitig verwendet. Das unterschiedliche Gewicht des Heubalkens im Vergleich zum Balken mit Eingrasvorichtung veranlasste die Konstrukteure, Motormäher mit der Mög lichkeit einer elektrischen (AEBI) Achsverschiebung auszurüsten. Ein Kom promiss, um mit der gleichen Maschine so wohl im Heugras als auch beim Eingra sen optimale Arbeitsbedingungen zu haben.

Lenkbarkeit und Sicherheit

Die typischen Bergmäher für hohe Einsatzzeiten sind heute mit einem hydrostatischen Fahrantrieb ausgerüstet, der die Lenkbarkeit bis hin zum Wendemanöver an Ort mit Vorwärtslauf des einen und Rückwärtslauf des andern Rades zum Kinderspiel macht. Der Hydrostat wird allerdings mit einem Mehraufwand von rund 5000 Schweizerfranken erkauft. Der Hydrostat lohnt sich bei grossen Schnittflächen und ist auf jeden Fall ein gutes Verkaufsargument, überall dort, wo ein Motormäher im In- und Ausland für den Kommunaleinsatz in Frage kommt.

TT 90 mit Scheibenmäher AEBI/Mörtl

Zur Standartausrüstung gehört heute in jedem Fall der sog. Totmanngriff der beim Loslassen den Motor automatisch abschaltet und auch die Kupplungsbremse (beim Hydrostat nicht nötig) um den Gangwechsel am Steilhang gefahrlos zu bewerkstelligen.

Motor

Motormäher sind heute vorwiegend mit japanischen und amerikanischen Benzinmotoren ausgerüstet. Verbunden mit der grösseren Leistungsfähigkeit und auch der Komfortverbesserung (Hydrostat) hat sich der mittlere Leistungsbedarf auf rund 14 PS erhöht. Auf Wunsch werden Motormäher auch mit Dieselmotoren ausgerüstet. Ein gewisser Nachfrage in dieser Richtung kommt namentlich aus Spanien.

Zweiachsmäher

Der Verkauf von Zweiachsmähern hat in den letzten Jahren die Erwartungen übertroffen. So wie der Traktor nicht nur zum Ziehen gebraucht wird, so wird der Zweiachsmäher nicht nur zum Mähen eingesetzt. Die Verwendungsgebiete und damit die Anforderungen an die Vielseitigkeit sind erheblich gestiegen. Dazu beigetragen haben nebst der Leistungssteigerung die sehr leistungsfähigen Anbaumöglichkeiten sowohl am Heck wie auch an der Front des Fahrzeugs. Eine Vielzahl von getragen, aufgesattelten und gezogen Geräten bis hin zur Rundballenpresse lassen sich somit sehr effizient einsetzen.

Mähtraktoren sind speziell abgeänderte Allradtraktoren mit abgesenkter Motorhaube, Fronthydraulik und Frontzapfwelle, deren Hangtauglichkeit durch Zusatzaus rüstung wie Doppelräder verbessert wurde.

Die Zweiachsmäher „Terratracs“ sind ein wichtiges Standbein in der Produktionspallette von AEBI. Nachdem die Motorleistung heute bei rund 35 PS beginnt, können sie gut ein Scheiben- oder Trommelmähwerk mitführen und antreiben. Dank spezieller Fronthydraulik kann auch im coupierten Gelände eine tadellose Arbeit geleistet werden. Ein weiteres Plus ist die seitliche Verschiebbarkeit des Mähwerks. Zweiachsmäher haben mit ihrem niedrigen Schwerpunkt aus der Sicht der Hangtauglichkeit und der Bodenschonung im Vergleich zum Mähtraktor mit Doppelbereifung in jedem Fall die Nase vorn, nicht zuletzt auch deshalb, weil das Gras weniger stark überfahren und verschmutzt wird.

Euro Hydrostat mit Heuraupe

TT 40 mit Balkenmäher AEBI/Busatis

Schneidezusatz am Mähbalken. Die Maschinen sind bei guten Bodenverhältnissen bis zu Hangneigungen von 80% einsetzbar.

Fendt Turbo Farmer 310

Fendt Favorit 926 Vario

von Gilbert Kremer

Auf der Agritechnica 1995 präsentierte Fendt einen 260 PS starken Schlepper mit stufenloser Antriebstechnik. Aber nicht nur wegen seiner 260 PS Leistung stand der Favorit 926 Vario im Mittelpunkt des Interesses, sondern wegen der revolutionären technischen Neuerung, des komplett im Hause Fendt entwickelten stufenlosen Getriebes mit der Bezeichnung ML 200. Fendt ist es damit gelungen, den Wirkungsgrad eines Lastschaltgetriebes mit den Vorteilen des stufenlosen Fahrantriebes zu verbinden. Sein Geheimnis ist die Leistungsverzweig ung, die Mechanik und Hydrostatik zu einer Antriebstechnik verbindet.

Anforderungen an ein Schleppergetriebe

- kleinste Geschwindigkeiten für
- Sondereinsätze
- hohe Transportgeschwindigkeiten
- optimale Gangabstufung im
- Hauptarbeitsbereich
- Gangwechsel ohne
- Zugkraftunterbrechung
- Einfache und logische Bedienung

Um diese Anforderungen zu erreichen, wurden zunächst unsynchronisierte, später synchronisierte Getriebe entwickelt. Als weiterer Schritt folgte die Lastschaltung, hier konnte erstmals ohne Kuppeln und ohne Unterbrechung des Kraftflusses die Geschwindigkeit geändert werden.

Nachteil dieser Lösungen ist, daß die Anpassung der Fahrgeschwindigkeit nur in Stufenschritten erfolgen kann. Um den Schlepper jedoch an der Leistungsgrenze bei günstigem Treibstoffverbrauch zu fahren bzw. voll auszulasten, gibt es immer wieder Situationen, daß der Gang zur optimalen

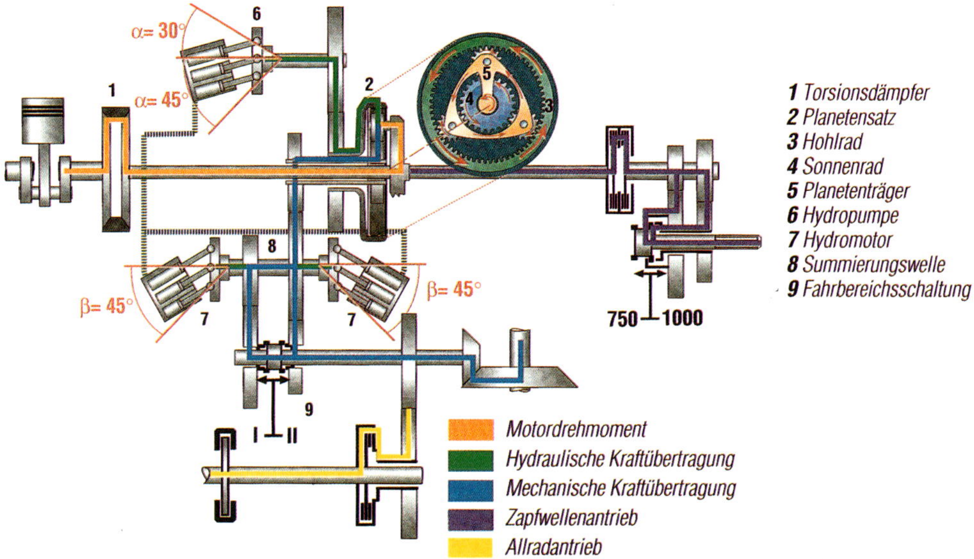

α= 30°
α= 45°
β= 45°
β= 45°
1
2
3
4
5
6
7
7
8
9
I
II
750
1000
1 Torsionsdämpfer
2 Planetensatz
3 Hohlrad
4 Sonnenrad
5 Planetenträger
6 Hydropumpe
7 Hydromotor
8 Summierungswelle
9 Fahrbereichsschaltung
Motordrehmoment
Hydraulische Kraftübertragung
Mechanische Kraftübertragung
Zapfwellenantrieb
Allradantrieb

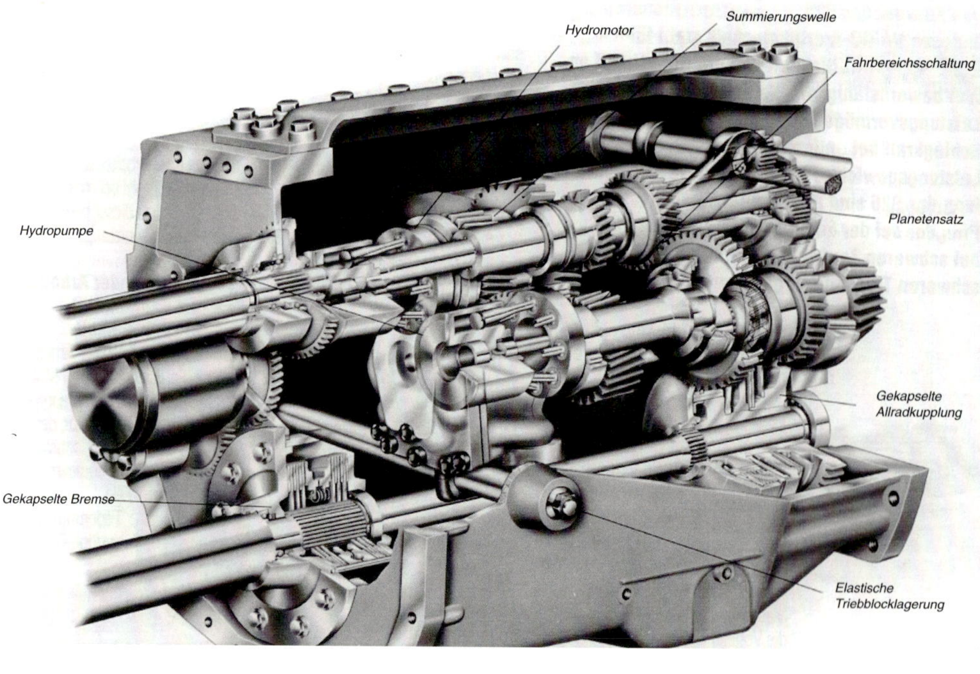

Hydromotor
Summierungswelle
Fahrbereichsschaltung
Planetensatz
Hydropumpe
Gekapselte Allradkupplung
Gekapselte Bremse
Elastische Triebblocklagerung

Auslastung fehlt. Um diesen Nachteil wettmachen zu können, wurden bereits in der Vergangenheit Schlepper mit stufenlosen hydrostatischen Antrieben gebaut, jedoch scheiterte diese Getriebetechnik an dem schlechten Wirkungsgrad durch hohe Panschverluste im Hydrostaten, und somit war der Vorteil der optimalen Motoraus lastung wieder mehr als ausgeglichen.

Als Zukunftsmusik zeigte Fendt auf der DLG Ausstellung 1964 die Weiterentwicklung eines bereits seit sechs Jahren im härtesten Einsatz erprobten stufenlosen Schleppers. Mit dem 38 PS starken und einem hydrostatischen Getriebe ausgestatteten Schlepper konnten Geschwindigkeiten von 0-30 km/h vorwärts und 0-15 km/h rückwärts ohne zu kuppeln und zu schalten gefahren werden. Der ganze Fahrbetrieb wurde über einen am Lenkrad angebrachten Hebel geregelt, der zugleich als Bremse diente, und mit dem jede gewünschte Geschwindigkeit einstellbar war. Jedoch scheiterte auch dieser Schlepper an den vorher genannten Nachteilen, und es blieb bei Prototypen.

Beim Fendt Favorit 926 Vario sorgt der abgesenkte Ölstand, der Ölvorrat im Getriebe beträgt nur 85 l, für den hohen Wirkungsgrad. Alle Getriebeteile werden gezielt versorgt und nichts panscht im Öl. Der mittlerweile durch die neutrale und unabhängige Prüfstelle der DLG gemessene Wirkungsgrad an den Radnaben liegt bei 81.1%. Im Vergleich dazu der Wirkungsgrad beim Favorit 822 mit mechanischem Getriebe und vierstufiger Lastschaltung 82.5%.

Getriebeaufbau

Die ganze Antriebseinheit besteht aus zwei Bauteilen, dem hydrostatischen und dem mechanischen Antrieb.

Im hydrostatischen Teil treibt eine Axialkolbenverstellpumpe die zwei auf einer gemeinsamen Welle (Summierungswelle) sitzenden verstellbaren Hydromotoren an. Pumpe und Motoren sind gekoppelt und werden zusammen verstellt. Je nach Schwenkwinkel (bis 45 Grad) der Pumpe wird mehr oder weniger Öl gefördert, und entsprechend ändert sich die Drehzahl der Hydromotoren und damit auch die Drehzahl der Summierungswelle.

Im mechanischen Teil, der aus einem Planetensatz und einer Stufenschaltung besteht, wird die Kraft über Zahnräder ebenfalls auf die Summierungswelle übertragen. Auf dieser Welle addieren sich also die Kraftflüsse vom hydrostatischen und mechanischen Antriebsstrang und werden zur Hinterachse geleitet.

Die Motorkraft wird durch die Getriebeeingangswelle und einen Drehschwingungsdämpfer (Torsionsdämpfer), der Stoßbelastungen abfängt, durch den Planetensatz im konstanten Verhältnis durch das Sonnenrad zum mechanischen und durch das Hohlrad zum hydrostatischen Getriebeteil geleitet. Dieser Planetensatz ermöglicht es, die Motorleistung variabel auf den mechanischen und hydrostatischen Zweig zu verteilen = > Leistungsverzweigung.

Fahrbereiche und Funktionen

Um sowohl bei sehr kleiner Fahrgeschwindigkeit und hohem Zugkraftbedarf im Acker, als auch bei hoher Transportgeschwindigkeit auf der Straße einen optimalen Wirkungsgrad zu erreichen, hat das Getriebe zwei Fahrbereiche.

Bereich 1:	für den Ackereinsatz 0-32 km/h vorwärts 0-20 km/h rückwärts
Bereich 2:	bei Transportarbeiten 0-50 km/h vorwärts 0-38 km/h rückwärts

Der Bereich 2 kann technisch bis auf 75 km/h erweitert werden.

Diese Fahrstufen werden über den runden Taster vor dem Fahrhebel geschaltet. Beim Stillstand des Schleppers ist die Pumpe nicht ausgeschwenkt und fördert demzufolge auch kein Öl. Die beiden Hydromo-

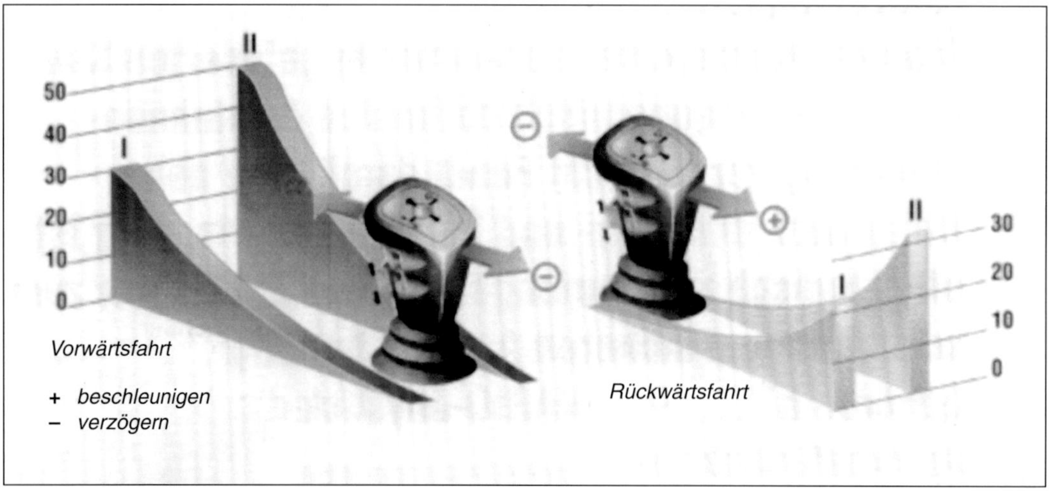

toren sind dagegen voll ausgeschwenkt und werden durch die Pumpe blockiert. Die Summierungswelle und damit der Schlepper steht kraftschlüssig still (kein Freilauf).

Zum Anfahren wird die Pumpe ausgeschwenkt und beginnt Öl zu fördern. Die Hydromotoren werden angetrieben, die Summierungswelle dreht sich, der Schlepper setzt sich in Bewegung. Der Hauptteil der Motorleistung wird über den hydrostatischen Teil übertragen. Da die Hydromotoren und die Pumpe miteinander gekoppelt sind, werden sie nach folgendem Prinzip gemeinsam verstellt.

Pumpe 0° => Hydromotoren 45°
Pumpe 45° => Hydromotoren 0°

Bevor die Pumpe ihre Endstellung erreicht, beginnt die Verstellung der Hydromotoren. Je weiter die Geschwindigkeit erhöht wird, desto mehr schwenken die Hydromotoren zurück, bis sie schließlich auf 0° stehen, kein Öl mehr aufnehmen und nun ihrerseits die Pumpe blockieren. Nun wird durch den Planetensatz am Getriebeeingang die gesamte Motorleistung über den mechanischen Teil übertragen. Je höher die Fahrgeschwindigkeit, desto niedriger der hydrostatische Antriebsteil, z.B. bei 75% der Geschwindigkeit liegt der hydrostatische Anteil nur noch bei 25%. Dadurch wird auch bei hohen Fahrgeschwindigkeiten ein ausgezeichneter Wirkungsgrad erreicht.

Die Pumpe läßt sich nach beiden Seiten verschwenken. Wird die Pumpe von 0% aus in die Gegenrichtung verschwenkt, ändert sich die Drehrichtung der Hydromotoren und der Schlepper fährt rückwärts.

Durch diese revolutionäre Technik ist es nun erstmals möglich, die Fahrgeschwindigkeit und damit auch die Motorleistung exakt den jeweiligen Bedürfnissen anzupassen. Bisherige Bewertungskriterien in herkömmlichen Getrieben, wie Superkriechgänge oder verfügbare Gänge im Hauptarbeitsbereich, haben keine Bedeutung mehr, weil mit dem stufenlosen Fahrantrieb jede Geschwindigkeit von 0.02 km/h bis 50 km/h gefahren werden kann.

Das Vario Bedienungskonzept

Weil das Getriebe keine Gänge mehr hat, kann man auch nicht mehr von einem Schalthebel sprechen. Der Schlepper wird statt dessen mit einem, in die Armlehne des Fahrersitzes integrierten, Fahrhebel (Joystick) bedient. Dieser ist das zentrale Bedienelement für die Getriebesteuerung. Mit ihm können alle im Fahrbetrieb nötigen Hauptfunktionen gesteuert werden.

- Wahl der Fahrtrichtung
- Anfahren
- Beschleunigen
- Verzögern
- Anhalten
- Reversieren

Zum Anfahren aus dem Stillstand wird die Aktivierungstaste gedrückt und gleichzeitig der Fahrhebel in die gewünschte Fahrtrichtung geschoben. Der Schlepper beschleunigt so lange, bis der Fahrhebel wieder losgelassen wird, der dann in die Mittelstellung zurückkehrt. Zieht man den Fahrhebel zurück, verzögert der Schlepper bis zum Stillstand. Ein weiterer Vorteil des stufenlosen Getriebes von Fendt ist die Beeinflußbarkeit der Beschleunigung unabhängig von der Motordrehzahl. Um den Schlepper jederzeit der Einsatzsituation anzupassen, kann der Fahrer mit dem Fahrhebel sowohl die Fahrgeschwindigkeit als auch die Beschleunigung steuern. Über einen Schiebeschalter am Fahrhebel kann per Daumenklick über vier Stufen der Grad der Beschleunigung eingestellt werden. Wenn der Fahrer den Fahrhebel während der Fahrt nach links antippt und dabei den Aktivierungstaster drückt, wird ein programmierter Wendevorgang (Reversieren) gestartet. Der Schlepper verzögert bis zum Stillstand und fährt dann rückwärts. Für den Wendevorgang bei Feldarbeiten kann über die Folientastatur eine Vor- und Rückwärtsübersetzung einprogrammiert werden, die dann über den Fahrhebel automatisch abgerufen wird. Fendt nennt diese Funktion = > Schnellreversierung

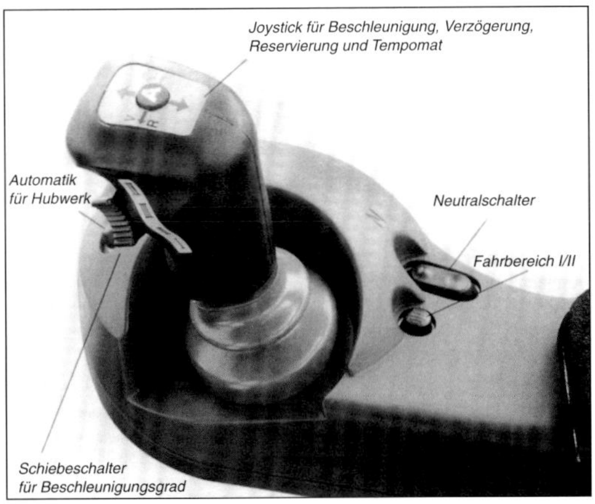

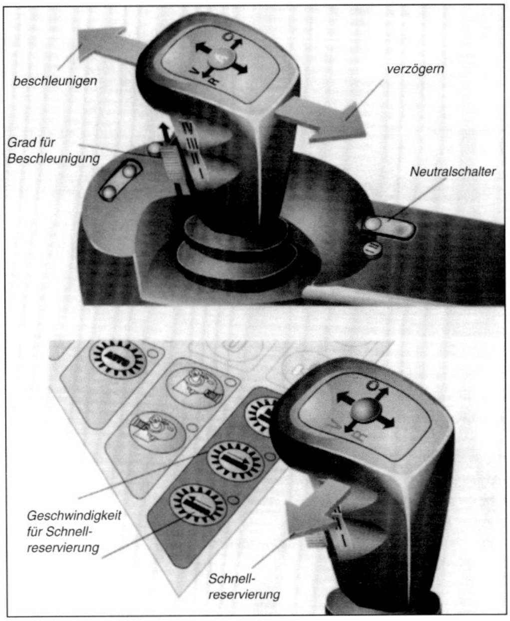

Anhalten des Schleppers

- Hebel entgegen momentaner Fahrtrich tung auslenken, bis der Schlepper still steht = > kraftschlüssiges Verzögern mit vom Fahrer gewählter Stärke, das Getriebe ist kraftschlüssig (aktiver Stillstand)
- Kupplungspedal ganz durchtreten = > das Getriebe wird kraftfrei und der Schlepper rollt aus

Das Vario Getriebe hat weder eine echte Fahrkupplung noch die gewohnte Fendt Turbokupplung. Trotzdem hat der Schlepper ein Kupplungspedal. Bei plötzlich auftretenden Gefahren kann der Schlepper durch Treten des Kupplungs- und Bremspedals wie jeder herkömmliche Schlepper angehalten werden. Die Turbokupplungsfunktion wird durch eine Modulation des Arbeitsdrucks im Hydrostatkreis in Abhängigkeit von der Motordrehzahl nachgebildet. Unterschreitet die Motordrehzahl 1400 U/min, wird der Arbeitsdruck mit fallender Drehzahl zunehmend verringert. So wird, wie bei der echten Turbokupplung, die Motorbelastung begrenzt und ein Abwürgen verhindert.

Um den Fahrer bei Arbeiten an der Leistungsgrenze des Motors von Bedienungsvorgängen zur Anpassung der Fahrgeschwindigkeit an die verfügbare Motorleistung zu entlasten, hat der Favorit 926 Vario die sogenannte Grenzlastregelung. Wenn die Motordrehzahl um mehr als 180 U/min (10%) gedrückt wird, dann nimmt die Elektronik die Fahrgeschwindigkeit zurück, so daß die Motordrehzahl nicht weiter abfällt. Über die Pfeiltasten rechts neben dem Lenkrad kann der Grad der Motordrückung von 0-30% eingestellt werden.

Eine weitere Funktion, die Tempomatfunktion, bietet dem Fahrer die Möglichkeit, eine einmal eingestellte Fahrgeschwindigkeit beliebig oft, einfach und genau wieder zu erreichen und zu halten. Der Fahrer beschleunigt manuell mit dem Fahrhebel bis zur gewünschten Fahrgeschwindigkeit. Ist diese erreicht, drückt er den Taster „Geschwindigkeit speichern“, damit ist dann die momentan gefahrene Geschwindigkeit abgespeichert, und gleichzeitig wird der Tempomat eingeschaltet, d. h. die gespeicherte Fahrgeschwindigkeit wird durch die Getriebesteuerung konstant gehalten. Soll diese Fahrgeschwindigkeit z. B. nach dem Vorgewende wieder neu angefahren werden, tippt

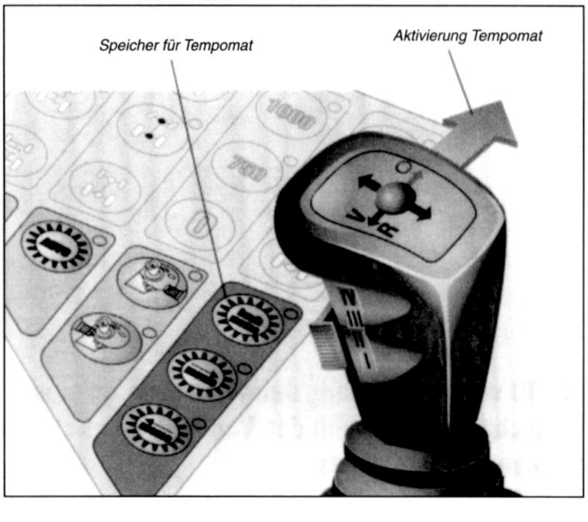

der Fahrer den Fahrhebel nach rechts, das Getriebe beschleunigt unmittelbar, bis die gespeicherte Geschwindigkeit erreicht ist. Über Leuchtanzeigen, direkt im Blickfeld des Fahrers am Armaturendisplay, werden die Geschwindigkeiten über drei Leuchtdiodenreitzen angezeigt.

- Grün => eingestellte Übersetzung
- Gelb => vorgewählte Übersetzung
- Rot => die gespeicherte Übersetzung der Schnellreversierung

Die Tempomatfunktion in Verbindung mit der Grenzlastregelung ermöglicht eine maximale Leistungsausnutzung bei jeder Motordrehzahl, ob beim Pflügen, der Oberflächenbearbeitung und Saat oder bei der Ernte, ohne zu schalten arbeitet der Vario stets an seiner Leistungsgrenze.

Um den Schlepper auch bei Ausfall der elektronischen Steuerung einsatzbereit zu halten, haben die Fendt Konstrukteure eine mechanische Steuerung eingebaut. Das Vario Getriebe kann damit ohne Elektrik/Elektronik gefahren werden. Rechts neben dem Fahrersitz befindet sich ein Drehgriff (versenkt) unter einer Klappe. Nach dem Öffnen der Klappe, an der sich ein Magnetschalter befindet, geht der Schlepper automatisch in den „Notbetrieb“. Der versenkte Drehgriff wird teleskopartig herausgezogen, und die Getriebeübersetzung wird damit rein mechanisch-hydraulisch eingestellt. Das Getriebe ist im Notbetrieb immer kraftschlüssig. Selbst die Stufenschaltung kann durch einen zweiten versenkten Hebel umgeschaltet werden. Das Kupplungspedal bleibt auch bei Notbetrieb in Funktion.

Neben der revolutionären stufenlosen Antriebstechnik besitzt der Vario serienmäßig 50 km/h Höchstgeschwindigkeit sowie ein integriertes Federsystem, bestehend aus drei Elementen: der Kabinenfederung, der Schwingungstilgung und der hydropneumatischen Vorderachsfederung. Durch die Fendt Blockbauweise mit Wespentaille gilt der Vario als wendiges Allrad-

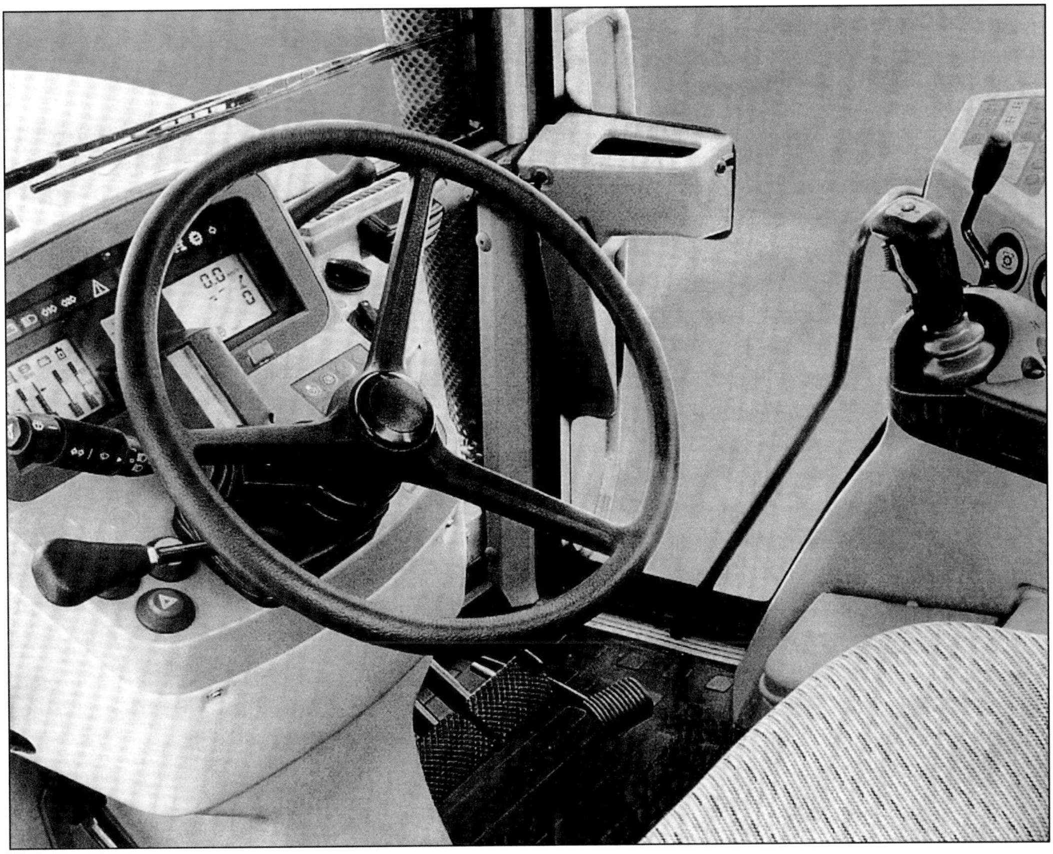

Die gefederte Favorit-Kabine

fahrzeug und ist durch seine ideale Gewichtsverteilung – 60% im Heck, 40% vorne – und durch die hohe Nutzlast von über 6 t ein ideales Systemfahrzeug.

Um den Fahrkomfort zu vervollständigen, sind weitere Bedienungsfunktionen in der Armlehnenkonsole untergebracht.

- Neutralschalter: Die Neutralschaltung (Freilauf) dient zum Umschalten der Fahrbereiche 1 und 2 und zur Sicherung des Schleppers beim Start.
- Taster Heck EHR/ Taster Front EHR: Betätigung Absenken und Ausheben des Heckhubwerks bzw. Fronthubwerks. Beide Taster sind mit der jeweiligen Zapfwellenschaltung koppelbar.
- Stoptaste: hiermit schaltet man Front- und Heck-EHR auf stop.

Kurz erwähnt sei auch noch die Motortechnik. Beim Favorit 926 Vario mit 191 kw/ 260 PS ist ein 6,9 l Sechszylinder Turbomotor (DO 826 LE 52) von MAN mit folgenden Merkmalen eingebaut:

- neue Bosch Hochdruckreihenpumpe
- P 3000 mit LDA
- neuer Wastegate Turbolader
- Ladeluftkühlung
- Kolbenbodenkühlung
- Querstromzylinderkopf
- schmale Tragölwanne
- Viskokühler
- neuer, vergrößerter Luftkühler
- auswechselbare Büchsen

Seine Leistungswerte:
- max. Drehmoment 1100 Nm

– 30% Drehmomentanstieg
– Konstantleistung von 1800-2250 U/min
– Optimaler Verbrauch 197 g/kWh

Rund 100 Einheiten des 260 PS starken Fendt Spitzenmodells Favorit 926 Vario sind inzwischen in ganz Europa im praktischen Einsatz.

Mit diesem stufenlosen Getriebe hat man bei Fendt eine neue Ära im Getriebebau eingeleitet und es bleibt zu hoffen, daß diese Getriebevariante auch in kleineren Vario-Typen zum Einbau kommt.

Als internationale Anerkennung dieser erfolgreichen Entwicklungsarbeit erhielt der Favorit 926 Vario, neben den Auszeichnungen 1996 in Belgien und in den USA, auf den Frühjahrsausstellungen 1997 in Holland, Frankreich, Tschechien und Spanien höchste Auszeichnungen.

Mit dieser Entwicklung ist Fendt seiner Strategie, mit neuen Innovationen immer eine „Nasenlänge“ der Konkurrenz voraus zu sein, treu geblieben.

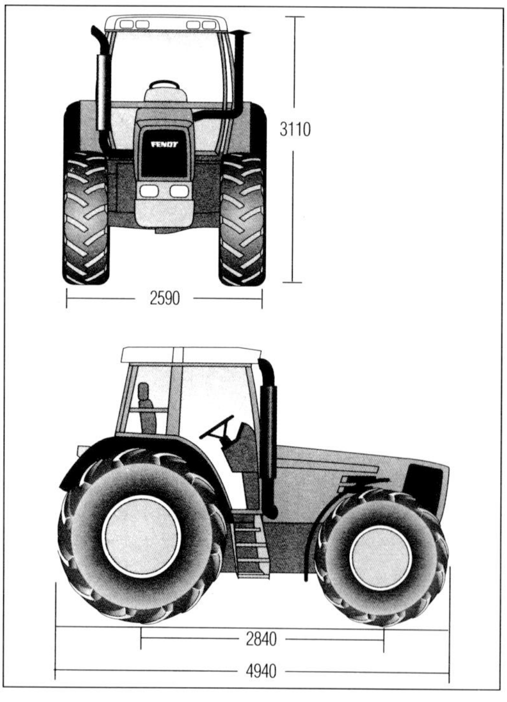

Technische Daten 926 Vario

Motor		
Leistung (KW/PS)	191/260	
Zylinderzahl/Kühlung	6/Wasser Turbolader (Stoßaufladung) Ladeluftkühlung	
Bohrung/Hub (mm)/Hubraum (cm^3)	108/125/6870	
Nenndrehzahl (U/min)	2300	
Optim. Kraftstoffverbrauch (g/kWh)/(g/PSh)	197	
Max. Drehmoment (Nm/Drehzahl)	1100	
Drehmomentanstieg (%)	30	
Tankinhalt (l)	370	
Getriebe und Zapfwelle		
Getriebebauart	Vario 200	
Gänge vorwärts/rückwärts	stufenlos vorwärts / rückwärts	
Lastschaltbare Zapfwelle (U/min)	750/1000	
Geschwindigkeiten	0,02 km/h - 50 km/h	
Hydraulikanlage		
Hydraulikpumpenleistung (l/min)/Arbeitsdruck (bar)	102/200	
Hydraulikhubkraft (kN/kp	90/9180	
Elektrohydraulischer Regelkraftheber mit Schwingungstilgung	Unterlenkerregelung mit Kraftmeßbolzen	
Zusatzventilausstattung (Serie)	4 dw[1)] Stromregelventile (16-80l) Kreuzschalthebel, Verstellpumpe mit Druckmengen, Load-sensing	
Zusatzventilausstattung max.	4dw[1)]	
Hubkraft/Frontkraftheber (kN/kp)	50/5100	
Max. entnehmbare Ölmenge (l)	50	
Bremsanlage		
Bremsen hinten	Nasse integrierte Lamellenbremse	
Bremsen vorne	Nasse Kardanbremse	
Maße und Gewichte		
Leergewicht nach DIN 70020 (kg)	8000	
Zul. Gesamtgewicht (kg)	12000	
Max. zul. Gesamtgewicht (kg) mit Anbaugeräten[1)]	1400	
Zuladung/Max. Zuladung (kg)[1)]	4000/6000	
Gesamtlänge (mm)	4940	
Bodenfreiheit (mm)	605	
Radstand (mm)	2840	
Gesamtbreite (mm)	2590	
Gesamthöhe (mm)	3110	
Radspuren hinten bei Serienber. (mm)	1970	
Radspuren vorne bei Serienber. (mm)	1970	
Kleinster Spurkreisradius (m)	5,5	
mit Lenkbremse (m)	5,1	
Elektrische Ausrüstung		
Batterie (V/Ah)	12/2 x 88	
Drehstromlichtmaschine	2002 W/14 V/143 A	
Kabine		
Bauart	Integriert, schallisoliert Komfortfederung Sicherheitszelle für den Fahrer	
Glasfläche (m^2)	4,2	
Belüftung	System mit Gebläse im Dach Warmwasserheizung mit Dreistufengebläse Ausstellbare Front-, Seiten und Heckscheiben, Klimaanlage	
Bereifung	**vorn**	**hinten**
Serie	480/70 R 34	620/70 R 42
auf Wunsch	480/70 R 34	580/70 R 42
	520/70 R 34	620/70 R 42
	600/70 R 30	710/70 R 38
	600/65 R 34	650/65 R 42

Das Lanz-Werk Mannheim

Stunde Null und Neubeginn im Jahre 1945

von Manfred Nabinger

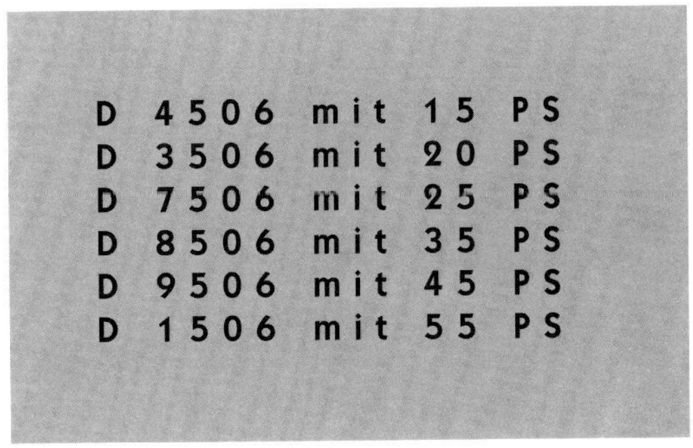
D 4506 mit 15 PS
D 3506 mit 20 PS
D 7506 mit 25 PS
D 8506 mit 35 PS
D 9506 mit 45 PS
D 1506 mit 55 PS

Am 2. April 1938 begannen 120 Lehrlinge ihre Ausbildung bei der Heinrich Lanz AG in Mannheim. Sie legten im Frühjahr 1941 ihre Facharbeiterprüfung ab und wurden im Laufe der Jahre 1941/43 zum Wehrdienst eingezogen. Nach Kriegsende kehrten etwa 25 junge Männer aus diesem Kreis wieder zur Firma zurück. Elf blieben bis zum Ende ihres Berufslebens im Hause Lanz bzw. John Deere.

Darunter befand sich auch Günter Nabinger, dessen Erinnerungen an die unmittelbare Nachkriegszeit die Anregung zu diesem Artikel lieferten und seine Basis bilden. Günter Nabinger lernte Werkzeugmacher, bildete sich im Abendstudium weiter und übte im Laufe seiner Betriebszugehörigkeit verschiedene Funktionen in der Betriebsmittelkonstruktion, der Fertigung sowie der Methodik und Arbeitsvorbereitung aus. Er ging 1984 als Leiter des Bereiches Arbeitsvorbereitung und Werkserhaltung in den Ruhestand.

Im Jahre 1938 war die Heinrich Lanz AG das größte Unternehmen in Deutschland, das Landmaschinen herstellte. Rückgrat der Produktion bildete der Bulldog mit seinem Glühkopfmotor, der in verschiedenen Versionen vom Band lief. 1939 erschienen als Neukonstruktionen die Kleedreschmaschine KL VI sowie der „15-PS-Allzweck-Bauernbulldog“ mit elektrischem Anlasser, verstellbarer Spurbreite, großen 40-Zoll-Rädern und einem hydraulischen Kraftheber. Die Angebotspalette umfaßte damit sechs Bulldog-Typen:

1939, im Jahr des Kriegsbeginns, beschäftigte Lanz 10 821 Arbeiter und Angestellte. Die Firma konzentrierte sich weiterhin auf zivile Produkte, wurde aber bald wie alle nur halbwegs geeigneten Fabriken in die Produktion von Kriegsgeräten einbezogen. Lanz fertigte ab 1941 u.a. auch Untergestelle für Panzer und Munition. So wurde das Werk ein bevorzugtes Ziel alliierter Luftangriffe. Nach 15 schweren Luftangriffen lagen die Anlagen bei Kriegsende fast völlig in Schutt und Asche. Etwa 90 % aller Gebäude und 75 % aller Maschinen und Einrichtungen waren zerstört. Deswegen erschien den Alliierten eine komplette Demontage nicht sinnvoll. Sie hoben das Produktionsverbot auf und ermöglichten dadurch erste Wiederbelebungsversuche.

Im August 1945 nahm Günter Nabinger seine Arbeit bei der Firma wieder auf. Er hatte Glück und war den Amerikanern und drohenden Gefangenen- oder Internierungslagern bei der Kapitulation entwischt (sie bekamen ihn allerdings 1956 bei der Übernahme des Werkes durch John Deere als Mitarbeiter wieder). In Deutschland gab es zu dieser Zeit noch etwa 40 000 Bulldogs, die fast alle dringend Ersatzteile benötigten. Um diese zu fertigen, wurden nach Goldgräbermanier Werkzeuge und Vorrichtungen aus dem Schutt gebuddelt, repariert und damit Maschinen wieder gangbar gemacht.

Günter Nabingers erster Arbeitstag nach dem Krieg begann in einer Personalabteilung, die aus einem Schreibtisch, der

Der Ackerluft-Bulldog D 7500 mit 25 PS aus dem Jahre 1942

Aus verschiedenen Materialresten entstanden Provisorien und Basteleien, die der allgemeinen Zerstörung spotten sollten

in der windgeschützten Ecke einer demolierten Halle aufgestellt war. Die ersten Wochen wurden damit verbracht, Schutt und Trümmer zu entfernen, um Maschinen und Vorrichtungen freizulegen. Einige hundert Leute umfaßte die damalige Belegschaft, meist ältere „Lanzer“ ohne Nazi-Vergangenheit. In der ehemaligen Lehrwerkstatt wurde dann damit begonnen, Maschinen wieder in Gang zu setzen, um die dringend benötigten Ersatzteile herzustellen. Dabei war das Gedächtnis alter Mitarbeiter von entscheidender Wichtigkeit: nur sie wußten, wo einmal eine Maschine stand, die dringend benötigt wurde. War die Stelle ausgemacht, ging es ans Ausgraben, Herausziehen und Entrosten. Meistens war es nötig, drei oder vier Maschinen auszugraben, um dann eine funktionierende daraus herzustellen.

Die Produktionsbedingungen ließen es also nicht zu, komplette Neufahrzeuge herzustellen. Die in den Statistiken angegebenen Stückzahlen beziehen sich hauptsächlich auf nach dem Krieg komplettierte Traktoren. Wie schwierig damals die Umstände waren, mag folgendes Beispiel verdeutlichen: Als im Winter 1945/46 die Produktion zu erliegen drohte, weil durch die einsetzende Kälte das Öl in den Maschinen dickflüssig wurde, rissen die Arbeiter aus den zerstörten Gebäuden die alten ölgetränkten Holzfußböden heraus und beheizten damit die provisorischen und in keiner Weise wetterfesten Hallen.

Neben regulären Firmenprodukten entstanden in dieser Zeit auch Geräte und Gegenstände für den Eigenbedarf. Aus alten Fettpressen, die noch in großer Zahl vorhanden waren, ließ sich beispielsweise relativ einfach eine Tabakschneidemaschine herstellen. Da Tabak damals Mangelware war und häufig selbst angebaut wurde, besaß eine derartige Vorrichtung einen immensen praktischen Wert. Zum Fettpressen-Umbau gab es schließlich sogar eine Konstruktionszeichnung, die die Herstellung vereinfachte. Aus den gummibestückten Laufplatten von straßentauglichen Panzerkettenwerken ließen sich ausgezeichnete Schuhsohlen herstellen, damals ebenfalls eine Sache mit unschätzbarem praktischen Nutzen: Verkehrsmittel waren rar, und so hieß es immer wieder laufen, laufen, laufen.

Die regulären Firmenprodukte tauschte man meist in Kompensationsgeschäften gegen Naturalien ein. So gelangte die Firma an wichtige Baumaterialien, um die teilrestaurierten Hallen wieder zu überdachen oder zu Lebensmitteln, um der Belegschaft in der Kantine warme Mahlzeiten anbieten zu können. Auf die gleiche Weise kamen die Mannheimer auch erstmals in den Genuß der begehrten Cadbury-Schokolade, die u.a. bei Geschäften mit australischen Abnehmern heraussprang.

Um den Materialfluß zu verbessern, wurde das werkseigene Schienennetz instandgesetzt und aus einem Traktor eine Lokomotive gebaut, die die Geleise befuhr. Kohle und Roheisen kamen nun wieder in größerer Menge zur Gießerei, womit eine wichtige Vorbedingung für eine umfangreichere Produktion erfüllt war.

Im In- und Ausland liefen noch zahlreiche Lanz-Traktoren, die nicht nur in der Landwirtschaft, sondern auch für Transportzwecke, Aufräumarbeiten etc. benötigt wurden. Ersatzteilfertigung war also in der Anfangsphase die Hauptaufgabe. Ob in Friedenszeiten und mit einer neuen Europa-Landkarte das alte Lanz-Programm einfach weitergeführt werden konnte, war fraglich. Die eigentliche Domäne des Mannheimer Werkes waren die großen Traktoren gewesen, die vor allem nach Osteuropa verkauft worden waren. Dieser Markt war nun nicht mehr vorhanden. Schon kurz nach der Besetzung des Werkes durch die Alliierten am Karfreitag 1945 traf sich der Lanz-Vorstand auf dem Kümmelbacherhof, einem ehemaligen Firmenerholungsheim im Odenwald, das nach den großen Bombenschäden in den letzten beiden Kriegsjahren zum provisorischen Sitz von Verwaltung und Geschäftsleitung umfunktioniert worden war. Dort sollten die Weichen für

Das Lanz-Werk nach einem Bombenangriff. Im HIntergrund die Markuskirche des Stadtteils Almenhof

Zum Wegräumen des Bombenschutts wurden u. a. Zwangsarbeiterinnen und dienstverpflichtete Frauen eingesetzt

Wie durch ein Wunder blieb in allen Bombenangriffen der Wasserturm des Werkes stehen

„Aufräumarbeiten" klingt so harmlos – tatsächlich sah das dann aus, wie in diesem Fall

Die Produktion dieser Raupen (Modell B 1581) setzte Lanz in den Nachkriegsjahren nicht mehr fort

Geräteträger Alldog mit 12 PS-Motor und hydraulischem Kraftheber aus der Nürnberger Triumph-Konstruktion. Schien 1952 eine vielversprechende Konzeption

Lanz Ackerluft-Bulldog D 4506 mit 15 PS aus dem Jahr 1942

Holzgasfahrzeuge wie dieses wurden 1945/46 wieder für flüssigen Kraftstoff umgerüstet

die Nachkriegsproduktion gestellt werden. Wohl in Anbetracht der in Schutt und Asche liegenden Städte sollte vor allem ein Programm von Planier- und Straßenbauraupen geschaffen werden. Daneben wollte man diverse Bulldogs von 15 PS bis 90 PS auflegen. Mit Ausnahme des 15-PS-Bulldogs sollten alle Fahrzeuge einen Mehrzylinder-„Einheitsmotor“ benutzen und jeweils immer in einer Diesel- und einer Glühkopfversion lieferbar sein. Die Weiterentwicklung von Mähdreschern, von denen Lanz 1938 schon Prototypen gefertigt hatte, war damals noch kein Thema. Sie tauchen im Protokoll der Kümmelbacherhof-Sitzung nicht auf und wurden nach längerer Vorbereitungszeit erst 1953 ins Programm genommen.

In den Kriegsjahren waren zahlreiche Fahrzeuge auf Holzgasbetrieb umgebaut worden. Aus der Vorstandssitzung kam nun die Direktive, diese Varianten nicht mehr fortzuführen, sondern umgekehrt von Holzgas auf Gasöl umzubauen. Dies wurde auch in den nächsten Monaten in die Tat umgesetzt. Die anderen Pläne, wie sie oben skizziert wurden, fanden allerdings keinen Weg in die Realität. Lanz produzierte bis in die fünfziger Jahre weiterhin den bekannten Zweitakt-Einzylinder-Glühkopfmotor. 1952 wurde er zum Semi-Dieselmotor modifiziert, der mit Zündkerze und Benzin zu starten war und dann mit Dieselkraftstoff lief. Ab Mitte der fünfziger Jahre lieferte Lanz auch einen „echten“ Diesel, anfangs in der kleinen Klasse, später wurden Zweitakt-Dieseltriebwerke auch bei den größeren Traktoren eingebaut. In der Klasse von 16 bis 24 PS setzte die Firma, die einst stolz darauf gewesen war, fast alles in Eigenregie zu produzieren, neben den eigenen Zweitaktern auch Viertakt-Diesel-Triebwerke von MWM ein. Gefragt waren hauptsächlich kleine Traktoren. Lanz sah sich zu Beginn der fünfziger Jahre einer großen Konkurrenz von „Konfektionären“ gegenüber, die komplette Triebwerke kauften und das Fahrzeug drumherum bauten. Der Geräteträger „Alldog“ zielte auf diesen Markt. Das von einem modifizierten Triumph-Zweitakter angetriebene Fahrzeug erwies sich letztendlich als kommerzieller Fehlschlag und paßte später auch nicht mehr in das Konzept der Firma Deere, die Lanz übernahm.

Die Produktion von Raupen kam nach dem Krieg nicht mehr richtig in Gang und wurde schon 1947 offiziell eingestellt. Die Produktion hatte sowieso nur aus einer Montage oder Komplettierung vorhandener Teilfahrzeuge bestanden. Hier hatte der Vorstand in seiner programmatischen Sitzung 1945 die Marktentwicklung falsch eingeschätzt. Richtig erkannt war dagegen die Notwendigkeit, vom Einzylinder-Bulldog-Motor Abschied zu nehmen und sich Mehrzylinder-Dieseltriebwerken zuzuwenden. Die weitere Entwicklung der Firma Lanz bestätigt diese Ansicht. In der schwierigen Aufbau- bzw. Reorganisationsphase 1945/46 war es aber nicht möglich, auch noch den für die weitere Zukunft nötigen Modellwechsel zu bewerkstelligen. Wer sich die oben geschilderten Arbeitsbedingungen noch einmal vor Augen führt, sieht sofort, daß es weder Zeit noch Mittel gab, komplett neue Modellreihen zu konstruieren, oder gar die Fertigung dafür zu planen und einzurichten. Außerdem existierte zu diesem Zeitpunkt noch kein Markt, der diese Fahrzeuge hätte aufnehmen können.

So produzierte Lanz nach 1945 das Naheliegende und kurzfristig auch Erfolgreiche. Ärger damit bekam man erst zehn Jahre später. Sichtbare Gestalt nahmen die Probleme in Form dessen an, was unter Werksangehörigen den Spitznamen „Blaue Adria“ trug. Damit meinten sie die Armada von unverkauften Schleppern, die auf dem Werksgelände abgestellt waren und fast alle Freiflächen bedeckten. Zwischen 1 000 und 2 000 Fahrzeuge dürften es gewesen sein. Lanz hatte sich zwar vom Krieg erholt, aber kein Mittel gefunden, das Wirtschaftswunder als selbständiges Unternehmen zu überleben. Die Großaktionäre sahen keine

Der Eil-Bulldog D 2539 wurde 1942 zusätzlich für Holzgasbetrieb ausgerüstet. 120 kg Holz reichten für etwa zwei Stunden Betriebszeit

Prospektansicht des Eil-Bulldog D 2539

Blick auf die Imbert-Gasanlage, mit der der D 2539 zusätzlich ausgerüstet war

Blick in die zerstörte und ausgebrannte Produktionsanlage

Blick in den Schlepperbau im Lanz-Werk Mannheim (1950)

Zukunft für die Lanz-Tradition und verkauften 1956 ihre Anteile an die amerikanische Firma John Deere.

Die John-Deere-Lanz-Triebwerke kamen aus Dubuque in Illinois und waren Dieselmotoren mit zwei und drei Zylindern. Sie bereiteten in der ersten Phase deutlich mehr Probleme als die alten liegenden Glühkopf- und Halbdieselmotoren von Lanz. Unter Lanz-Anhängern breitete sich deswegen die heute immer noch zu hörende Meinung aus: wäre das Werk nur bei den alten Konstruktionen geblieben, könnte es noch heute in altem Glanz bestehen. Wer sich die nationale und internationale Entwicklung auf dem Markt für Landmaschinen nach dem Zweiten Weltkrieg ansieht, wird feststellen, daß dies reines Wunschdenken ist.

Gewiß, keiner der modernen High-Tech-Schlepper kommt nur annähernd an die Robustheit und Lebensdauer eines Lanz-Bulldogs heran. Dies sind aber auch nicht mehr die Kriterien, nach denen Traktoren gekauft werden. Die Schlepper, die heute im Deere-Werk in Mannheim vom Band laufen, verhalten sich zum alten Lanz-Bulldog wie ein fernbedienter CD-Spieler zum Röhren-Plattenspieler, dessen Kristallsystem noch von Hand aufgelegt wurde und über eine mit 78 U/min rasende Schellack-Platte pflügte: so etwas sieht man heute wieder gerne und stellt es sich vitrinengeschützt vielleicht sogar in die Wohnung. Beim täglichen Gebrauch hört der Spaß aber auf. Da muß es digital, servo und soft touch sein.

D 1266 mit 12 PS-Einzyl.-Diesel in 4-Taktbauweise, geliefert von MWM (Motoren-Werke Mannheim)

Der D 3206 verfügte über ein 32 PS Dieseltriebwerk in lanz-typischer Zweitaktbauweise

Abbildung aus einem Originalprospekt

Englische Impressionen

Ein Reisebericht

von Michael Bach

Wenn heute Liebhaber alter Traktoren, Landmaschinen und Nutzfahrzeuge der ersten Stunde auf rund 25 Jahre Sammlertätigkeit zurückblicken (der Lanz Bulldog-Club Oyten-Backsberg wurde 1975, der Lanz Bulldog-Club Holstein e. V. 1979 gegründet; seine Anfänge reichen allerdings ebenfalls bis 1975 zurück), so wollen wir doch nicht übersehen, daß derartige Aktivitäten in Großbritannien um einige Jahrzehnte älter sind. Eigentlich hat es auf der Insel nie eine Zeitlücke zwischen der Ausmusterung etwa einer steam engine oder eines Fordson und ihrer Erhaltung für die Nachwelt gegeben. Natürlich haben auch hier nicht alle Maschinen überlebt, sondern nur ein Bruchteil – aber dieser ist um ein Vielfaches größer, als wir es in Deutschland auch nur erträumen dürfen. Und teilweise gibt es in England Bergungs- und Restaurierungsgeschichten zu hören, zu lesen und neuerdings, Video sei Dank, auch zu sehen, wie sie ein gestandener Abenteuerschriftsteller dramatischer nicht erfinden könnte. Die beispielhafte Organisation des National Traction Engine Trust entstand 1954 und zählt heute über 3000 Mitglieder, eine erste Steam Ralley ist 1951 (!) in Appleford (Oxfordshire) nachgewiesen – und die Great Dorset Steam Fair, das Mekka unserer Szene, findet 1997 bereits zum 29. Mal statt. Die Insel ist nahezu flächendeckend mit Agricultural-, Rural- oder Countrylife-Museen überzogen, und die Flut von Veröffentlichungen, die alle derartigen Aktivitäten widerspiegeln, ist unüberschaubar. Notorischer Englandfahrer, ärgert sich der Autor seit langem darüber, daß bisher keine unserer deutschen Publikationen in der Lage ist, wenigstens die wichtigsten englischen Rallyes in den Veranstaltungskalender aufzunehmen. Von einigen dieser „places and events of interest" soll hier die Rede sein und der Versuch unternommen werden, etwas von ihrem unvergleichlichen Flair zu vermitteln. Am Ende dieses Reiseberichts folgen Adressen, Öffnungszeiten uw., soweit sie zur Verfügung standen und ohne Gewähr für ihre aktuelle Gültigkeit.

Die Grafschaft Kent, bekannt als „garden of England", ist das Eingangstor zur Insel, wenn man in Dover oder Folkstone gelandet ist: eine der reizvollsten Landschaften Südenglands, gekennzeichnet durch Landwirtschaft und Obstgärten, vor allem auch durch traditionellen Hopfenanbau. In Frant, einem Dorf an der A 267, ca. 3 Meilen (1 mile = 1,5 km) südlich der Stadt Royal Tunbridge Wells, veranstaltet der Southern Counties Historic Vehicles Preservation Trust seit Beginn der achtziger Jahre regelmäßig im September das „Frant Vintage Agricultural Working". Hier wird nicht nur „just for show", sondern ernsthaft und nach allen Regeln der Kunst des Pflügens geackert. Das hügelige Land des Weald, das hier bearbeitet wird, wird von dem Farmer, der Flächen zur Verfügung stellt, fertig zur Bestellung übernommen. Die Dampfpflüge erhalten Unterstützung durch ein Heer von Schlepper-Veteranen sowie durch etliche Kaltblut-Gespanne. Natürlich wird auch die letzte Ernte gedroschen, werden viele andere Arbeiten live vorgeführt. Die Ausstellung historischer Maschinen und Fahrzeuge ist umfangreich, jedoch das Hauptgewicht liegt auf historischer Landarbeit, die nicht allein musealen Zwecken dient, sondern fest in den lokalen Arbeitsplan der Farmer einbezogen ist.

Nicht weit entfernt, ca. 15 Meilen nordöstlich von Royal Tunbridge Wells an der A 228, liegt die Whitbread Hop Farm in Beltring. Hier stellt die Whitbread Brauerei, eine der größten und wichtigsten Südenglands,

Frant Vintage Agricultural Working: Dampfpflügen in Kent

Harmonie von Arbeit und Landschaft

Steam Engine im direkten Zug vor dem Pflug: dieses Verfahren setzte sich in Europa nicht durch, wohl aber in Amerika

Caterpillar Twenty Two mit Ransomes-Anhängepflug

Der David Brown-Straßenschlepper bringt Real Ale!

die Geschichte des Hopfenanbaus und seiner Verarbeitung auf einer großen Farm dar. Das living museum bietet auch ein unvergeßliches Erlebnis für die Freunde des schweren Kaltblutpferdes: hier züchtet Whitbread seine weltberühmten grey Shire Horses, hier gehen die vierbeinigen Riesen, pflastermüde, in Erholungsurlaub und hier erhalten sie nach einem Arbeitsleben vor den tonnenschweren Bierwagen auch ihr Gnadenbrot. Whitbread gehört zu den bedeutendsten Institutionen, die über Jahrzehnte hinweg die Zucht des Shire Horse aufrechterhalten und damit das Überleben der größten Pferderasse der Welt (Stockmaß ab 2 m) garantiert haben. Im Ausstellungsbereich finden wir u. a. etliche Fordson-Schlepper der Modelle F und N, Maschinen und Geräte für die Hopfenkultur und natürlich historische Bierwagen, sowohl für Gespanne als auch herrliche alte Lastwagen. Die tägliche Arbeit auf der Farm leisten bis heute ausschließlich Massey Ferguson-Traktoren der Typen FE 35, MF 35, MF 65 und MF 135 – also sämtlich „echte" Oldtimer bzw. solche, die es in absehbarer Zeit sein werden.

Wer von Dover aus unmittelbar nach Westen fährt, sollte einen Halt im berühmten Seebad Brighton einplanen. Im Stadtteil Hove findet er im ehemaligen kommunalen Wasserwerk das British Engineerium und damit eines der faszinierendsten Steam-Museen selbst hierzulande, wo an derartigem kein Mangel besteht. In betriebsbereitem Zustand sind nicht nur die gewaltigen stationären Maschinen und Pumpen des alten Werkes wie die Pumpmaschine von Eastons & Andersons (1875/76), die eine Kapazität von 2,25 Millionen gallons (1 gallon = 4,54 l) täglich hatte, sondern auch die riesige vertikale Corliss-Maschine von 1859, die, von der französischen Filiale dieses amerikanischen Herstellers gebaut, in einem Krankenhaus bei Paris installiert war. Corliss erreichte durch seine patentierte Expansionssteuerung, bei der der Zutritt des Frischdampfes nicht durch eine Drosselklappe lastabhängig geregelt wird, sondern durch früheres (bei wenig Last) oder späteres Schließen des Einlaßhahnes – also kein Ventil wie bei Lentz – eine gewaltige Erhöhung des Wirkungsgrades der Dampfmaschine und damit eine erhebliche Reduzierung des Brennstoffverbrauchs. Andere Exponate: portables und traction engines, fire engines (also nicht-selbstfahrende Lokomobilen, Zugmaschine und Dampfspritzen), eine Fülle von Stationärmotoren und Motorrädern (sämtlich britischer Herkunft, z. B. die sagenhaften Scot-Zweitakter) und schließlich Modelle ohne Ende. Bei den Miniaturen ist es nicht immer leicht, echte Modelle von Kleinstaggregaten zu unterscheiden, die beispielsweise, mit ganz geringen Leistungen von etwa 0,5 PS, die Werkstatt eines Feinmechanikers oder Uhrmachers mechanisierten. Das British Engineerium, 1975 gegründet und bis heute geleitet von Jonathan E. Minns, verfügt über eine (nur im Rahmen einer angemeldeten Führung zu besichtigende) Restaurierungswerkstatt, die andächtig werden läßt. Hier werden auch Auftrags-Restaurierungen ausgeführt. Eine Führung durch das Museum mit Mr. Minns oder einem/einer seiner freundlichen Mitarbeiter/innen gehört zu den nachdrücklichsten Erlebnissen, die man auf einer Oldtimer-Reise durch England haben kann.

Mitte August/Anfang September unterwegs (wegen des nahezu sicheren Traumwetters ohnehin die beste Reisezeit für England) in Sachen Dampf und Diesel? In Richtung Westen? Dann kann das Ziel nur die Great Dorset Steam Fair in Tarrant Hinton, nahe Blandford Forum sein. Mittlerweile zur Legende geworden, zieht diese Veranstaltung, die größte ihrer Art in Europa, alljährlich Zehn-, wenn nicht Hunderttausende an. Eine ganze Woche lang wird ein 400 acres (1 acre = 0,47 ha) großes Gelände wie von einer Zeitmaschine zurückverwandelt, in die Epoche von etwa 1860 bis 1960 versetzt. Und zwar vollständig: Maschinen und Arbeit, alte Handwerke, das

Das Kesselhaus im British Engineerium, Brighton-Hove

Die Corliss-Maschine läuft!

In der Halle: Portable von Ransomes, Sims & Jefferies und Shand Maron Fire Engine (1892)

outfit der Menschen, der Jahrmarkt – das alles übersteigt auch hochgesteckte Erwartungen. Dabei wirkt nichts unecht oder aufgesetzt. Vielmehr verkörpert die Steam Fair in allem ein Höchstmaß an Authentizität.

Aber wir eilen voraus – noch sind wir nicht an Ort und Stelle. Von Brighton aus sind etwa, je nach der gewählten Strecke, 150 Meilen zurückzulegen. Sie führen durch Bilderbuchlandschaften wie den New Forest, der mit äußerster Aufmerksamkeit durchfahren werden will, soll nicht der beeindruckende Tierbestand unverantwortlich dezimiert werden sowie an den höchst sehenswerten Städten Winchester, Salisbury, Bournemouth und Portsmouth vorbei. Rechtzeitig sollte die Quartierfrage bedacht werden: wenn man auch von Winchester aus noch gute eineinhalb Stunden zu fahren hat (von Salisbury aus ist es näher), empfiehlt es sich doch, möglichst in einer dieser Städte eine Bleibe zu nehmen, will man sich nicht auf dem riesigen Camping-Gelände bei der Steam Fair niederlassen.

Im New Forest, ca. 15 Meilen südlich von Southhampton, liegt Beaulieu: Wallfahrtsort der internationalen Oldtimer-Szene durch das National Motor Museum des Lord Montague of Beaulieu. Natürlich ist es einen Abstecher wert, den ja viele unserer organisierten Club-Reisen mittlerweile auch einlegen. In Sachen Dampf, Schlepper und Nutzfahrzeuge bietet Beaulieu jedoch eher weniger: sein Schwerpunkt liegt bei edlen Zwei- und Vierrädern. Der Vollständigkeit halber sei auch das Panzermuseum von Bovington Camp bei Stokeford an der A 352, ca. 25 Meilen südwestlich von Blandford Forum, erwähnt.

Ich möchte aber die Aufmerksamkeit lieber auf zwei Attraktionen in unmittelbarer Nähe der Steam Fair lenken, die eigenartigerweise bei uns kaum bekannt sind, obwohl sie für das, was uns bewegt, zu den absoluten Highlights gehören. Noch in der Grafschaft Hampshire, zwischen Salisbury und Fordingbridge, an der A 338, liegt Breamore House: ein elisabethanischer Landsitz von 1583 mit angeschlossenem Countryside-Museum. Eine Vielfalt z. T. sehr alter Landmaschinen und eine große Sammlung historischer Trakoren englischer und amerikanischer Herkunft erwarten uns. Unter den restaurierten Maschinen ragen IHC Mogul (1917) und Titan (1918) und Junior 8–16 (1919) ebenso heraus wie der Waterloo Boy der Overtime Corp. (1917) oder der britische Saunderson (1919). Aber auch Fordson F oder der Austin von 1924 gehören zu jenen Maschinen, die selbst hierzulande nicht mehr an jedem Feldrain stehen. Aus späterer Zeit sind z. B. einer der seltenen Marshall Model M von 1938 oder der Turner Yeoman von 1951, eine höchst eigenwillige englische Rahmenkonstruktion mit V 4-Dieselmotor (40 HP) zu erwähnen. Viele noch unrestaurierte Exemplare, z. T. sehr alte Stationärmotoren wie ein Emerson & Brantingham von 1912 sowie eine im Land berühmte traction engine, die „Dreadnought" von Charles Burrell & Co. (1926) und eine portable compound engine der Marke Robey runden das Bild in Breamore ab.

Bequem und ohne Streß noch am gleichen Tag zu schaffen ist ein Besuch in Stapehill, dicht an der A 31 zwischen Ferndown und Wimborne Minster. Hierzu sind einige Sätze mehr erforderlich: handelt es sich doch um den größten Teil und Neubeginn einer legendären Einrichtung, die ihresgleichen in Europa nicht hatte, nämlich um das ehemalige National Tractor and Farm Museum. Am 7. April 1979 wurde dieses Museum, das Lebenswerk des Mr. John Moffitt, im äußersten Norden des Landes, unterhalb der schottischen Grenze, in Hunday (Cumbria) von der Queen Mother eröffnet! Die Sammlung wuchs im Laufe der Jahre auf über 170 Traktoren an, darunter allein 25 Exemplare älter als 1920, nicht gerechnet die anderen Exponate der britischen Agrargeschichte. Das groß angelegte Projekt scheiterte jedoch nach relativ kurzer Zeit: warum, das entzieht sich der Kenntnis des Autors – ein Vorgang, der

Schätze im Breamore Country House Museum: IHC Mogul 8-16 und Junior 8-16 (1919)

Overtime, bei uns bekannter als Waterloo Boy (1917)

Fordson All Around (1938) – völlig unbekannt hierzulande

Burrell Agricultural Engine „Dreadnought“ von 1896

hierzulande als mittlere Sensation gelten muß. Nach längeren Jahren des Wartens und Suchens (während derer der Autor mit John Moffitt in Briefkontakt stand) gelang es diesem, die Sammlung hier in Dorset in sehr schönem Rahmen neu zu etablieren. Eine Klosteranlage aus dem 18. Jahrhundert gibt mit ihren Wirtschaftsgebäuden und einem historisch getreu angelegten Garten ein stilvolles Ambiente ab.

Glücklicherweise gelang es weitgehend, die überwiegend extrem seltenen, oft einmaligen Traktoren zusammen zu halten. Leider sind der legendäre Ivel von 1903, wohl weltweit der älteste (und selbstverständlich betriebsbereite) Ackerschlepper und der dreirädrige Glasgow (1918) nicht mehr dabei. Um den Ivel zu sehen, muß man heute das Science Museum in London aufsuchen. Dennoch reiht sich hier ein Meilenstein der Traktorengeschichte an den anderen (man ist geneigt, Titan und Mogul, die natürlich nicht fehlen, schon als geläufig zu betrachten – was auch einiges über ihre für die Zeit hohen Produktionszahlen aussagt): Overtime Waterloo Boy (1916), Parrett (USA, 1917: eins von zwei noch existierenden Exemplaren), Emerson & Brantingham (USA 1917), Rushton Standard (1929–1936, eine Art englischer Fordson), Wallis Cub Junior (1915, eine Konstruktion der J. I. Case Plow Co. – das ist nicht der Zweig des Unternehmens, der die Schlepper baute!), British Wallis (1920, unter Lizenz gebaut von Ruston & Hornsby in England), Fiat 702 (1919, Teilnehmer am berühmten Lincoln Tractor Trial des gleichen Jahres; neben dem Exemplar im Turiner Werk das einzig erhaltene), die Victoria-Pflugmaschine von Walsh & Clark (1915–22), Massey Harris 4 x 4 (1930) sind nur ein Bruchteil der Sensationen, die uns hier erwarten. Nun mag der eine oder andere solche Raritäten als zu exotisch empfinden (dem einzigen Bulldog, einem D 7500, fehlt nichts als ein richtiger Auspuff). Aber die Entwicklung des Ackerschleppers fand nicht allein in Deutschland, sondern mindestens ebenso intensiv und epochemachend in den USA und in England, dem um die Jahrhundertwende führenden europäischen Industrieland, statt. Und beide produzierten für den Weltmarkt, also in ganz anderen Dimensionen als das Deutsche Reich: man denke an den Fordson, man denke an die revolutionären Konstruktionen Harry Fergusons, und man denke an die Bedeutung von Massey Ferguson oder John Deere in unseren Tagen. England importierte immer amerikanische Schlepper in hohen Stückzahlen, von denen viele Sammlerstücke (Massey Harris, John Deere, Case, Allis Chalmers, Caterpillar u. a.) heute die Szene bereichern. An dieser Stelle scheint ein Wort über Philosophie und Standard des Restaurierens angebracht. In England kennt man entweder die Wiederherstellung des Neuzustandes unter striktester Wahrung der Originalität (ein „Eil-Titan oder -Fordson“ ist absolut unvorstellbar) oder den ebenso strikt authentischen Originalzustand, der nicht durch Restaurierungsmaßnahmen verfälscht wird. „Running order“ oder „working condition“ sind selbstverständlich, ja obligatorisch. Was sollte man auch mit einem Ivel von 1903, mit einem Waterloo Boy von 1916, mit einer traction engine von 1900, wenn nicht arbeiten. Und zwar richtig! Wozu gibt es schließlich Manometer und Sicherheitsventile? Natürlich enthalten alle Sammlungen auch unrestaurierte, nicht betriebsbereite, unkomplette Stücke – aber es ist nur eine Frage der Zeit, wann diese in Kur kommen, die dann nach den genannten Prinzipen erfolgt.

Wenn wir Stapehill mit allen guten Wünschen an John Moffitt für einen erfolgreichen zweiten Anlauf verlassen, sollten wir das große Ziel in einer guten halben Stunde erreicht haben – vorausgesetzt, wir geraten nicht in einen endlos scheinenden Stau. Aber selbst dann brauchen wir nicht zu resignieren. Dank der ausgezeichneten Organisation auf dem Veranstaltungsgelände und der vorbildlichen Disziplin der Anreisenden geht es auch auf Landsträßchen

Neubeginn in Stapehill, Dorset: hier der Parrett 12/25 (Vierzylinder-Motor von Buda, 1917)

Der kostbare Emerson & Brantingham hatte eine Havarie!

Erster rahmenloser Schlepper der Welt: Wallis Cub Junior von 1916

Ohne die „little Grey Fergies“ geht hier nichts

John Deere (wahrscheinlich ein A „Styled“) treibt die Ballenpresse an

schmalster Kategorie zügig voran. Wer mag, kann sich, wenn er über Blandford anreist, bei Nigel Mansell noch Ferraris angucken. Den Autor, Purist in diesen Dingen, interessieren aus jenem Stall nur Exemplare aus der 250er-Serie, und die gibt's beim Champion nicht.

Ist das gelobte Land nun endlich erreicht, hängt alles Weitere von dem Status ab, den der Besucher innehat. Der Autor hat zweimal an Reisen seines Clubs, des LBCH e. V., teilgenommen (Quartier in Winchester, tägliche Anfahrt mit dem mitgebrachten Bus). Die Parkplätze sind schnell erreicht: das große, zweitägige Staunen kann beginnen. Wie es auf der campsite für Besucher zugeht, entzieht sich seiner Kenntnis: eine Vorausbuchung dafür ist aber unter allen Umständen erforderlich. Die dritte Begegnung mit der Great Dorset Steam Fair, nun als aktiver Teilnehmer zusammen mit dem Berliner Club- und Sammlerfreund Christian A. Rady und einer Galerie von sechs Stationärmotoren, mit Ach und Krach in einem großen Wohnmobil untergebracht, fand 1994 statt. Eine ganze Woche lang dauerte nun das Vergnügen, ausgerechnet in jenem hoffnungslos verregneten Sommer. Aber die permanente Nässe konnte keinen Augenblick lang die Freude trüben. Wer sich für eine aktive Teilnahme interessiert, dem sei eingeschärft: eine schriftliche Anmeldung, rechzeitig an die Veranstalter gerichtet, ist ebenso zwingend notwendig wie eine ausdrückliche schriftliche Bestätigung dieser Anmeldung durch die Organisation. Wenn möglich, sollte man sich bei dem jeweiligen site-manager (das ist der Leiter der Sektion, in der man teilnehmen will) zusätzlich anmelden. Nicht (oder nach der Meinung der Veranstalter nicht) angemeldete Teilnehmer werden ebenso gnadenlos abgewiesen (und kämen sie aus Honolulu), wie korrekt Angemeldete herzlich empfangen werden. Angesichts der nach Tausenden zählenden Teilnehmer bleibt wohl den Organisatoren auch gar nichts anderes übrig, als so rigoros zu verfahren. Die Campingplätze für Aktive sind großzügig bemessen, ihre Ausstattung und sanitären Einrichtungen akzeptabel, die Versorgung mit allem Notwendigen klappt, aber Camper sind eh Selbstversorger. Besonderer Hervorhebung wert sind Kameradschaft und Hilfsbereitschaft auf dem Platz: auf dem aufgeweichten Acker waren wir mit dem Wohnmobil ohne Chance. Die Motoren wurden uns mit einem klassischen Landy vorgefahren, und mit einem vorgespannten David Brown Cropmaster kamen wir dann am Ende unserer Woche auch stilecht vom Gelände. Alles ganz easy – wenn man sich nicht zurücklehnt und die englischen Freunde arbeiten läßt, sondern mit anpackt! Nur sicherheitshalber sei diese Selbstverständlichkeit erwähnt.

Wohin er sich nun wendet, bleibt jedem selbst überlassen. Es gibt jegliche Art von Arbeit mit Dampfmaschinen in den sorgfältig aufgebauten Schaubildern (displays), also ungefähr zehn Dreschplätze mit portables oder general purpose engines, ebenso viele Sägewerke und crane engines, bis zu sechs steamplough tackles arbeiten täglich, es gibt die gewaltigen traction engines, die zig-tonnenschwere Lasten schleppen, es gibt Dampf- und skurrile altenglische Schwerlastwagen (die immer an die Autos in alten Micky-Maus-Heften erinnern) von Foden, AEC, Atkinson u. a., Busse wie in Agatha-Christie-Filmen, unzählige Stationärmotoren und Traktoren von der frühesten Zeit bis zu den späten 50er Jahren, es gibt die Arbeit mit den unvergleichlichen heavy horses, also den Shire-, Clydesdale- und Suffolk Punch-Kaltblütlern, es gibt rural crafts (traditionelle ländliche Handwerke), schier endlose Reihen ausgestellter Fahrzeuge und Maschinen, Info-Zelte der Clubs und Restaurierer, Literatur und einen riesigen Flohmarkt, Verkaufs- und Auktionszonen (bei denen man aufpassen muß: einmal an der Nase gekratzt, und man kann drei Tonnen Alteisen am Hals und ein Loch im Budget haben!), es gibt natürlich auch

Agricultural Engine der Edelmarke Marshall

Für den Autor sind sie das Größte überhaupt: die Ploughing Engines – hier die wohl älteste existierende Fowler single cylinder „Margret“ von 1870

Lang, niedrig, stark: Fowler von 1872

Auch der Kipp-Pflug ist eine Augenweide

Jim Hutchins (†) mit dem einzigen Garrett „Suffolk Punch"-Tractor (1989)

In der Mitte McLaren „Boadicea“ (die schwerste existierende Traction Engine), hinten eine weitere Burrell

Line up der (leichteren) Steam Tractors

Line up der Steam Rollers (rechts eine Aveling & Porter)

Burrell Agricultural: kann eine Zugmaschine schöner sein?

Amalgamated Heavy Haulage: vorne Burrell

Rarität: Steam Lorry von Clayton & Shuttleworth

So sieht es in der Modell-Sektion aus: Maßstab 1:2

Die Pracht und die Herrlichkeit: Shires im Vorführring

militairies, Feuerwehren und vieles mehr. Alles täglich vorgeführt und sachkundig kommentiert im Ring oder im praktischen Einsatz auf den umliegenden Äckern.

Dieser Reisebericht ist natürlich nicht der Ort, auf die englische Traktorengeschichte näher einzugehen. Marken wie Bristol, David Brown, die verschiedenen Ferguson- und Ford-Typen, Fowler, Nuffield oder der Turner Yeoman verdienten sämtlich eine detaillierte Darstellung. Ein paar Bemerkungen über die legendären Marshall- und Field Marshall-Modelle, das Pendant zu unserem Lanz Bulldog, scheinen aber angemessen. Nachdem Lanz seinen 15/30er Kühlerbulldog 1930 bei den World Tractor Trials in Wallingford (nahe Oxford) mit überwältigendem Erfolg präsentiert hatte, entwickelte die renommierte Firma Marshall & Sons (Britannia Iron Works) in Gainsborough einen Schlepper, der sich eng an das deutsche Vorbild anlehnte. Gespräche in Berlin über eine Lizenzfertigung des Bulldogs waren vorhergegangen, hatten aber zu keinem Ergebnis geführt. Die Marshall-Traktoren waren aber zu keinem Zeitpunkt mit einem Glühkopfmotor ausgerüstet (obwohl diese Bauart, wir sehen es an zahlreichen Stationärmotoren auf der show, in England sehr populär war), sondern von Anfang an immer mit einem echten Dieselmotor. Die frühen Marshall 15/30 und 18/30 gehören zu den seltensten englischen Schleppern überhaupt: der Autor ist bis heute noch keinem dieser Modelle begegnet. Auch der Typ 12/20 (später, nach geringen Modifikationen M genannt), der ab 1934 gebaut wurde – der klassische Marshall schlechthin – ist nicht eben häufig, aber er taucht auf allen Rallyes und in vielen Museen auf. Nach dem Krieg begann die Produktion der Field Marshall-Baureihe: Series 1 (Mai 1945–47), Series 2 (1947–49) und Series 3/3a (1949–59). Diese Modelle hatten den leistungsgesteigerten Motor des Typs M (40 hp bei 750 U/min) und ein deutlich moderneres Design – auch hier gleicht die Entwicklung der bei Lanz. Man kann den Field Marshall durchaus mit dem D 4016 vergleichen. Marshall und Field Marshall besitzen die gleiche faszinierende Ausstrahlung wie unsere Bulldogs, und um ihre Robustheit und Leistungsfähigkeit ranken sich Farmerlegenden (die, wie alle Legenden, durchaus auch ein bißchen zweifelhaft sind). Ihr hoher Verkaufspreis stand einer größeren Verbreitung stets im Weg. Ein Erlebnis besonderer Art ist es, wenn ein Field Marshall vermittels einer Schwarzpulver-Patrone, die keine Schrotladung enthält, „angeschossen" wird. Dazu wird die Patrone, ähnlich wie eine Zündlunte, in den Zylinderkopf (der aber „undekomprimiert" sein muß, sonst geht der Druck nicht in den Zylinder, sondern in den Auspuff!) eingeführt und durch einen Hammerschlag auf einen Zündbolzen gezündet. „Schlagartig" läuft der Motor dann mit seinem unverwechselbaren, schönen Zweitakt-Klang, der dem Schlepper zu dem Spitznamen „Pom Pom" verholfen hat. Die Pom Poms stehen hoch in der Sammlergunst und auch in der des Autors.

Die Teilnehmer kommen aus sämtlichen Regionen der britischen Inseln, aus dem Norden Englands, aus Schottland oder Wales. Kein Weg ist zu lang, um nicht auf Tiefladern oder, ganz selbstverständlich, per Achse kostbares Gerät heranzubringen. Zu den absonderlichsten Begegnungen auf einer durch Hecken und Kurven unübersichtlichen Landstraße zweiter oder dritter Kategorie gehört es sicherlich, wenn hinter einer Kuppe plötzlich ein Steamer hinaufgekrochen kommt! Ein solches unverhofftes Zusammentreffen brachte den Autor bereits im Jahr 1985 auf die Spur des „Frant Vintage Agricultural Working".

Natürlich sind auch die hier vorgestellten Museen regelmäßig mit von der Partie. Eine eigene Kategorie und Abteilung bilden stets die Scammels: Schwerlast-Zugmaschinen mit Gardner- oder Rolls-Royce Dieselmotoren, oft aufgeladen. Sie waren die legitimen Nachfolger der traction engines im Schwertransport und bei den

Die Eleganz der Pferde entspricht ihr Transporter: Bedford Lorry mit Stabholz-Aufbau

Aus der Motoren-Sektion: Hornsby & Sons-Glühkopfmotor

Kohlen für die steamer: Albion-LKW (ca. 1935)

Auch in Frankreich wurde der Austin gebaut (1928)

1994 der absolute Hammer: Cletrac-Raupe Typ H, 1918 – ein Meilenstein in der Traktorengeschichte

Klassischer Engländer: David Brown Cropmaster von 1947

Gemischte Starterfelder: Field Marshall Series 2, Farmall F 12, Marshall 12/20

Englische Klassiker aus zwei Epochen: Fordson F und Nuffield

Gepflügt wird trotzdem – wozu sind wir denn sonst gekommen!

Fordson mit Roadless-Kettenlaufwerk in der RAF-Version (1941)

Schaustellern, eindrucksvoll in Erscheinung, Leistung und Sound – man stelle sich hierzulande eine Veranstaltung mit rund 80 Kaelble-Zugmaschinen der verschiedenen Leistungs-Klassen vor, noch ein halbes Dutzend Faun Z 567 dabei: das wäre in etwa die Entsprechung!

Und schließlich gibt es jenes Ereignis, das dem Ganzen den Namen gegeben hat: die Steam Fair – einen riesigen, historischen Jahrmarkt mit gut über 100 Karussells, fairground organs, Riesenrädern, Schiffschaukeln, Labyrinthen, mit traditional sweets (und sweeten ladydancers and -singers) und allen nur denkbaren Rummelattraktionen. Sämtlich dampfbetrieben (außer den lady-dancers and -singers, versteht sich) von den prachtvollen showman's engines, die mit ihren Generatoren Strom für Antrieb und Illumination erzeugen. Alle laufen mit voller Leistung, die Sicherheitsventile immer leicht abblasend. Das line up der rund 80 showman's in der hereinbrechenden Dämmerung kann man nicht beschreiben – das muß man erleben: möglichst mit einem knapp halbvollen Glas real ale (damit es nicht herausschwappt), mit dem Rücken an die übermannshohen Antriebsräder der Maschine angelehnt, die Augen halb geschlossen und den stampfenden Rhythmus der Maschine auf den eigenen Körper übergehen lassen: ja, das hat etwas, wofür passende Vokabeln fehlen.

Ab und zu fährt dann zu vorgerückter Stunde mal eine 20 Tonnen schwere traction mit angehängter Last durch die schmalen, dichtbevölkerten Gassen, natürlich mit dem vorgeschriebenen Lampenmann vorneweg: um 23 Uhr heißt es nämlich hier wie überall auf der Insel: „last order, please". Und das bedeutet, daß Tausende leerer Gläser noch einmal mit dem köstlichen Nass gefüllt werden müssen – und zum Bierholen taugt eine traction engine allemal auch. Waren bei Pflügen die Firma Fowler, bei traction engines Fowler, McLaren, Aveling, Garrett u.a., bei steam tractors etwa Tasker oder Robey, bei steam lorries Foden und Sentinel die führenden Marken, so wird das Bild bei den showman's wesentlich von dem Hersteller Burrell bestimmt. Eine dringende Empfehlung, fast eine Bitte, an alle Dorset-Fahrer ist, den Besuch so zu planen, daß wenigstens ein Abend bis in die frühen Nachtstunden für die Fair zur Verfügung steht. Sie ist wirklich eines der schönsten Erlebnisse, die unser Hobby vermitteln kann.

Reisende, die über ein zeitliches Polster verfügen und bereits Mitte August, zum Bank Holiday, in Devon oder Cornwall unterwegs sind, sollten, bevor sie Dorset anlaufen, die Honiton Hill Rallye einplanen. Etwa 25 Meilen östlich von Exeter, in der Grafschaft Devon, liegt das Landstädtchen Honiton. An seinem östlichen Rand, wo A 30 und A 35 zusammenlaufen, findet alljährlich ein „Yesterday Farming" statt, eine der wichtigsten Veranstaltungen im Süden. Hier wird geackert, daß es (buchstäblich) nur so raucht. Mindestens zwei steam-plough-tackles und eine Vielfalt von Schleppern und heavy horses gehen zur Sache an diesem Wochenende, sowie einige ganz rare Traktoren wie etwa ein Allwork der amerikanischen Marke Electric Wheels (1917), von dem während des Krieges zwölf nach England importiert wurden. Honiton Hill spielt im englischen Veranstaltungskalender eine herausragende Rolle und ist schon für sich genommen eine Reise wert.

In hohem Maß landwirtschaftlich geprägt ist die Ostseite der Insel, das flache Marschland East Anglias (im engeren Sinn die Grafschaften Suffolk und Cambridgeshire, aber auch die nördlicheren Norfolk und Lincolnshire). Nicht zufällig waren hier auch einige der bedeutendsten Dampfmaschinen-Hersteller ansässig, unter ihnen Charles Burrell in Thetford, William Foster & Co. in Lincoln, Richard Garrett & Sons in Leiston, Marshall & Sons in Gainsborough, Ransomes, Sims & Jefferies, Robey oder Ruston & Hornsby in Lincoln – die Liste gleicht einem Gotha der steam engines. In Norfolk, an der A 1066 zwischen Thetford

Fordson E 27 N („Major“) mit Perkins-Diesel-Motoren beim Schaupflügen

Rot/Grüne Koalition: IHC Crawler T 6 (mit Rolls-Royce-Vergasermotor) und Fowler-Marshall Mark VF

Revolutionierte die Landtechnik: Ferguson-Brown von 1936, Fergusons erster Serien-Schlepper

Gigantisch: der Fowler Gyrotiller (Kreiselpflug) mit MAN-Diesel, 150 PS, von 1935 (heute in Stapehill)

Titanen halfen der englischen Landwirtschaft im 1. Weltkrieg ...

... kein Grund, sie heute versauern zu lassen

Farmall – hier ein F 14 (1938/39)

Im 2. Weltkrieg halfen dann solche Schlepper wie der große International W 6 ...

... John Deere Model D (1938) ...

... oder Massey Harris 745 und Drillmaschine aus gleichem Haus

Das Pendant zu unserem Lanz Bulldog: Marshall 12/20 ...

... später Model M genannt

Ab 1945 Field Marshall in vier Baureihen

Field Marshall Series 3 (1945-52)

Die Raupenversion entstand bei Fowler

und Diss (also in der Heimat der Burrell Engines), birgt der Flecken Bressingham eine der ältesten und schönsten Sammlungen des Landes: Bressingham Gardens and Live Steam Museum – eine Großgärtnerei und Baumschule, ein Botanischer Garten mit über 5000 Arten und eben die steam collection. Die Engländer sind eine gartenbegeisterte Nation. Mit Vergrößerungsglas vor der Nase, Bestimmungsbuch und Notizblock in den Händen heben sich Klassengegensätze auf! Abgesehen von diesem kleinen Wunder ist der Botanische Garten eine Sehenswürdigkeit ersten Ranges. Die Familie Bloom ist aber auch seit Generationen dampfbesessen, und ihre Sammlung hat Großartiges zu bieten. Schwerpunkt sind berühmte Lokomotiven des Eisenbahnlandes England: wir finden hier u.a. eine Dutchess of Sutherland (4-6-2, 1938 gebaut in Crewe), die zu den schwersten und stärksten Schnellzuglokomotiven Europas zählt, die Royal Scot (4-6-0, 1927), aber auch eine der so seltenen deutschen Kriegslokomotiven, eine 52er von 1944, gebaut bei Borsig in Berlin. Eine ebenso bedeutende Rolle spielt aber auch steam on the road. Ein Paar Fowler Pflugmaschinen, 8 nhp von 1917, Burrell traction und showman's engines, eine Foster traction von 1903, ein Sentinel steam tractor von 1924, Sentinel und Foden steam lorries und eine Reihe stationärer Maschinen – hier ist alles vorhanden. Bressingham gehört zu den ständigen Teilnehmern an steam Rallyes im ganzen Land, sein Ruhm ist weit verbreitet und kennzeichnet die Sammlung als eine der wichtigsten überhaupt.

Spätestens hier muß der Versuch unternommen werden, die ominöse Art der Leistungsangabe, die uns bei sämtlichen englischen Dampfmaschinen begegnet, zu erklären – bei den Fowler ploughing engines aus der Bressingham-Kollektion 8 nhp, also 8 „nominal horsepowers“. Der Kenner der Materie weiß, daß z.B. die beiden Heucke-Maschinen der Dorfgemeinschaft Volkmannsdorferau heute, bei vermindertem Kesseldruck von 14 bar, ca. 210 PS Dauerleistung aufweisen. Bei ihnen handelt es sich um relativ große Maschinen. Die kleinste Borsig-Pfluglokomobile des Typs HE leistete im Vergleich hierzu maximal 80 PS. Große englische Dampfpflüge der Marken Fowler, McLaren oder Burrell werden mit 16 oder 18 nhp angegeben, und dabei stehen wir dann immerhin vor den schwersten road engines, die es gibt. Wie erklärt sich diese Leistungsangabe, die auf den ersten Blick klar erkennbar nichts mit PS- oder auch mit den in etwa vergleichbaren hp-Angaben bei englischen Fahrzeugen und Motoren zu tun hat? Während man unter einem 8 PS-Motor eine Maschine versteht, deren Dauerleistung beim spezifisch geringsten Brennstoffverbrauch, d. h. Verbrauch pro PS/h, eben 8 PS beträgt, so bedeutet die gleiche Angabe bei einer Dampfmaschine, daß diese bei spezifisch geringstem Dampfverbrauch 2,5 bis 3 mal 8, also etwa 24 PS Dauerleistung hat. Hinter dieser widersinnig niedrigen und zu großer Verwirrung Anlaß gebenden Angabe steckt eine komplizierte, theoretische Leistungsmessung am Schwungrad, die man in der Mitte des 19. Jahrhunderts vornahm – und die in England lange beibehalten wurde. Bei den damaligen niedrigen Dampfdrücken und Drehzahlen betrug die so ermittelte Leistung ein Zehntel der Quadratzahl des Zylinderdurchmessers in englischen Zoll, also etwa 9x9:10 = 8 PS!

Als später Drücke und Drehzahlen größer, die Zylinderdurchmesser aber kleiner wurden, geriet diese Angabe noch mehr in Schieflage und wurde von deutschen Herstellern wie Wolf, Lanz u.a. aufgegeben. Die effektive Dauerleistung einer englischen steam engine ist demnach nur schwer anzugeben, sie liegt aber in jedem Fall um ein Vielfaches über dem angegebenen „nhp“-Wert. Bei der Aufklärung dieses Sachverhalts ist der Autor dem Leiter des Deutschen Landwirtschaftsmuseums, Dr. Klaus Hermann, zu Dank verpflichtet, der

Gruppenbild mit Dame: Der LBCH e.V. besucht sein englisches Mitglied Tony Baker (2. von rechts)

Hier half nur noch Vorspann

Great Dorset Steam Fair

Die Nacht naht

Die Stimmung steigt ...

... auf den Höhepunkt

Diese Nuffields hatten ihren Auftritt bei der Honiton Hill Rallye 1988 ...

eine literarische Quelle ausfindig zu machen wußte, mit der diese in der Regel stillschweigend übergangene Frage beantwortet werden konnte.

Noch einmal ein Blick auf den Norden. Von gänzlich anderem Charakter ist das Yorkshire Museum of Farming in Murton, wenige Meilen vom östlichen Rand der schönen Stadt York, an der A 64 in Richtung Malton gelegen. Das Freilichtmuseum veranschaulicht die Geschichte der Landwirtschaft dieser Region über nahezu 2000 Jahre hinweg, mit alten, vom Aussterben bedrohten Nutztieren (eine unvorstellbare Katastrophe, wenn Englands kostbare alte Rassen, unschätzbare Genreserven, im Zuge der seuchenbedingten Massentötungen verlorengingen!), mit Geräten und Maschinen, mit Dampfkraft, Motoren und einer Fülle verwandter Exponate. Das Veranstaltungsprogramm, an den Jahreszeiten orientiert, vermittelt von März bis Oktober einen Begriff von den jeweiligen Arbeiten in der Landwirtschaft. Über bemerkenswerte Stücke verfügt die umfangreiche Traktorensammlung, die darüber hinaus die Entwicklung der Schleppertechnik in Wort und Bild ganz hervorragend dokumentiert. Hier fand der Autor „seinen ersten" Ferguson-Brown, also Harry Fergusons erstes Produktions-Modell, ab 1936 bei David Brown gefertigt, mit der revolutionären Dreipunkt-Hydraulik für den Geräteanbau: diese bahnbrechende Erfindung aus dem Jahr 1933 ist bekanntlich bis heute nur verbessert und weiterentwickelt, nicht jedoch abgelöst worden. Der Ferguson-Brown gehört zu den ganz großen Seltenheiten. Ein „Sahnestück" ist der John Deere Model D, der von 1923–53 (!) gebaut wurde. Sein Zweizylinder-Petroleummotor leistete 30 PS bei 900 U/min. Das toprestaurierte Exemplar stammt aus der Zeit nach 1939, ist also „styled": die meisten John Deere-Traktoren wurden, ab 1937, von dem Ingenieur Henry Dreyfuss im Design und auch technisch beträchtlich überarbeitet, eben „gestyled".

Offenbar haben die Bodenverhältnisse North Yorkshires den Einsatz vieler Raupenschlepper begünstigt. Einmalig dürfte das Schnittmodell eines David Brown Crawlers (Typ 30 TV) sein, das Einblicke in die Antriebstechnik einer Raupe vermittelt. Darüber hinaus enthält die Sammlung natürlich David Brown Cropmaster, Ferguson TE-D, Fordson verschiedener Typen und Ausführungen, Field Marshall, Nuffield und andere wichtige englische und amerikanische Traktoren.

Am Ende dieses Reiseberichts durch das „Gelobte Land" der Traktoren- und Dampf-Veteranen sollen einige Veranstaltungshinweise sowie Adressen stehen, soweit sie dem Autor vorliegen. Interessenten, die sich, sei es als Besucher oder aktive Teilnehmer, für einen Trip über den Kanal interessieren, sollten versuchen, sich direkt mit den Veranstaltern bzw. Museen in Verbindung zu setzen, um zuverlässige Termine, Öffnungszeiten usw. in Erfahrung zu bringen. Für alle, die an der Technikgeschichte im allgemeinen, an der Entwicklung der Land- (und Nutz-)Fahrzeugtechnik im besonderen und an der Geschichte der Landwirtschaft im allgemeinen interessiert sind, gibt es eigentlich keine Alternative im europäischen Raum: England muß es sein.

... ebenso der seltene Turner Yeoman mit dem V 4-Diesel ...

... oder der amerikanische Allwork der Electric Wheel Company (1917)

Veranstaltungshinweise und Adressen:

Breamore House & Countryside Museum
Fordingbridge, Hampshire SP6 2DF
Tel.: Downton (0725)512468 o. 512233
Öffnungszeiten:
April: Di, Mi, Do und Ostern 13 - 17:30 Uhr
Mai, Juni, Juli, September: Di, Mi, Do, Sbd, So u. Feiertage, August: täglich

Bressingham Gardens & Live Steam Museum
Nr. Diss (A 1066)
Tel.: Bressingham 386
Öffnungszeiten:
Mai - September: So, Do 14:30 - 17:30 Uhr
August: zusätzlich Mi u. Bank Holiday

British Engineerium
Off Nevill Road
Hove, East Sussex BN3 7QA
Tel.: Brighton (0273)559583
Öffnungszeiten: täglich 10 - 17 Uhr

Burrell Museum
Management Committee c./o. Dick Wingate
Breckland District Council
The Guildhall, East Dereham
Norfolk, NR19 1EE

Frant Vintage Working
Organising Committee c./o. Bert Urben
(Southern Counties Historic Vehicles Preservation Trust)
2 Dower Walk, Gossops Green, Crawley

Great Dorset Steam Fair
Show Secretary Michael F. Oliver
Dairy Mead, Child Okeford, Blandford Forum
Dorset DT11 8HD
Tel.: Child Okeford (STD 0258)860361

Honiton Hill Rally
(keine näheren Informationen verfügbar)

National Motor Museum
Beaulieu, Hampshire, SO42 7ZN
Tel.: Beaulieu (0590)612345
Öffnungszeiten:
Ostern - September: täglich 10 - 18 Uhr
September - Ostern: täglich 10 - 17 Uhr
(Weihnachten geschlossen)

National Traction Engine Trust
General Secretary, St. Edmunds House
Lower Baxter Street, Bury St. Edmunds
Suffolk, England
(vom NTET zu beziehen, unter der angegebenen Adresse: The Rally List - Rallies Approved by the NTET. Gute Terminübersicht für das laufende Jahr mit Kurzbeschreibung der Veranstaltungen!)

Ross-on-Wye Tractor Museum
Mr. D.C. Hackett, Ashe Rise
Bridstow, Herefordshire HR9 6PZ
Tel.: (0989)63901

Roxton Park Rally (bei Bedford)
Mr. Peter Worby
35 Old Hale Way
Hitchin, Hertfordshire,England

Science Museum
Exhibition Road, South Kensington
London SW 7, Tel.: (01)-589

Stapehill Countryside Collection
276 Wimborne Road West
Stapehill, Wimborne,
Dorset BH21 2EB
Tel.: (0202)873060
Öffnungszeiten:
Ostern - 31.Oktober: täglich 10 - 17 Uhr
November - Ostern: Mi - So 10 - 16 Uhr

Weeting Traction Engine Rally
Mr. R.N. Parrott
Fengate Farm,
Weeting, Brandon
Suffolk IP27 0QF

Whitbread Hop Farm
Paddock Wood
Beltring, Kent, England

Yorkshire Museum of Farming
Murton, Yorkshire YO1 3UF
Tel.: (0904)489966
Öffnungszeiten:
März - Oktober
(außer montags) 10:30 - 17:30 Uhr
(Ostermontag geöffnet)

Restaurierungsobjekt in Bressingham

Der David Brown Crawler 30 TV offenbart sein Innenleben

Die Dreipunkthydraulik, die die Welt veränderte: Ferguson-Brown im Yorkshire Museum of Farming

An gleicher Stelle ein John Deere D (Styled)

Rare Ware

von Rudi Heppe

Schlepper-Miniaturen aus den fünfziger und sechziger Jahren erfreuen sich bei Sammlern immer größerer Beliebtheit. Welche Faszination von dem „Kunststoff der frühen Jahre“ ausgeht, haben wir etwas näher betrachtet.

Die erste Welle der „Vollmotorisierung“ der Landwirtschaft war gegen Mitte der fünfziger Jahre abgeschlossen. Der Absatz der Landmaschinenindustrie stagnierte erstmals seit Kriegsende. Mit massiven und neuartigen Werbemitteln sollte der Absatz angekurbelt werden. Erstmals bediente man sich bei den Schlepperherstellern von authentischem Spielzeug als Werbeträger.

Zu dieser Zeit war es üblich, daß der Landmaschinenhändler noch auf den Hof kam. Am Küchentisch konnte man mit einer detailgetreuen Miniatur des Schleppers die Vorzüge anschaulicher demonstrieren als mit einem bunten Prospekt. Hinzu kam, daß ein zweiter wichtiger Partner in der Regel mit am Tisch saß: der Nachwuchs, konnte er doch mit dem Anschauungsobjekt ebenfalls überzeugt werden. Nach erfolgter Demonstration verblieb ihm in der Regel das Modell als Spielzeug. Eine frühe Markenbindung war somit garantiert.

Der bekannteste Werbemittel-Lieferant für Traktoren-Miniaturen in dieser Zeit war die Firma Renner aus Nürnberg. Besser bekannt sind ihre Produkte unter dem Namen „Cursor“ – die lateinische Übersetzung für „Renner“. Alle namhaften Schlepperhersteller dieser Zeit wie Hanomag, Porsche, Fahr, Kramer, Güldner, Deutz, Fendt und Daimler-Benz ließen ihre Mini-Schlepper bei Renner fertigen. Das spricht für das hohe Qualitätsniveau des Nürnberger Unternehmens.

Gefertigt wurden die Modelle im annähernden Maßstab 1:25. Als Material wählte man Kunststoff, um eine bessere Detailierung zu erreichen. Alle Cursor-Modelle rollten auf profiliertem Vollgummi. Selbstverständlich wurden auch die Portalachsen – wegen der Bodenfreiheit – nachgebildet. Stahlrohrachsen, wie heute oft üblich, waren im Hause Renner verpönt. Besonderen Wert legte man auf die Schriftzüge. Sie wurden säuberlich und teils farbig abgesetzt, an der richtigen Stelle plaziert. Selbst das Kühleremblem fehlte bei der MAN-Miniatur nicht.

Bei Sammlern sind die Kunststoff-Modelle aus dem Hause Renner heute sehr begehrt. Der Hauptgrund ist sicherlich die hohe Detailtreue der Miniaturen.

Ein zweiter, nicht zu unterschätzender Faktor, liegt im Vertriebsweg der Firma Renner begründet. Das Nürnberger Unternehmen lieferte ausschließlich an den Auftraggeber, in der Regel der Hersteller des Originals. Eine Belieferung des Spielwarenhandels mit Modellen erfolgte nicht. Das begrenzte Angebot schlägt sich heute in dem Portemonnaie des Sammlers nieder.

Lanz-Modelle aus dieser Zeit findet man vornehmlich von dem Produzenten REX. Neben dem Seitenglühkopf im typischen Lanzblau oder der Export-Ausführung in rot, war ebenfalls der Mähdrescher MD 18 in den „neuen“ Hausfarben grün und gelb im Angebot. Nach der Übernahme von Lanz durch John Deere folgte noch ein John-Deere-Lanz 700.

Kleiner waren die Miniaturen der Lüdenscheider Sieper-Werke: Im Maßstab 1:55 fand man im Fertigungsprogramm von SIKU einen Schlepper von Fahr, eine Hano-mag-Zugmaschine und einen Unimog. Auch hier fertigte man in den 50er Jahren noch in Kunststoff. Die Umstellung auf Zinkdruckguß begann in den 60er Jahren. Als Schleppermodelle folgten in der Metallausführung 1963 ein Porsche und 1969 ein Hanomag, der bis vor wenigen Jahren noch im Verkaufsprogramm des Lüdenscheider Unternehmens zu finden war. Da die Miniaturen fast ausschließlich für die „Spielkiste“

Rex und Matchbox

Cursor (MAN)

International

Cursor (Fahr)

Siku (Hanomag)

Cursor (Hanomag)

Cursor (Porsche)

Cursor, Siku, Wiking

bestimmt waren, ist es schwierig, heute noch „unbespielte“ Modelle zu ergattern.

Das ist bei den WIKING-Modellen im Maßstab 1:87 anders: Vornehmlich für Eisenbahn-Freunde wurden diese Modelle produziert. Nur selten sind die Miniaturen lädiert. Dafür haben die Miniaturschlepper von Fahr, Porsche oder der Unimog 411 aus den späten fünfziger Jahren einen guten „Wertzuwachs“. Die Sammlerpreise sind bei manchen Modellen um mehr als das Hundertfache des damaligen Verkaufspreises angestiegen.

Noch gravierender ist die „Wertsteigerung“ bei den Werbemodellen aus dem Hause WIKING im Maßstab von 1:40. Zu Beginn der fünfziger Jahre wurden für Normag der N.G. 16 und für Hanomag der R 12 gefertigt. Diese Modelle sind recht selten zu finden und entsprechend hoch ist ihr Preis, falls sich ein Sammler entschließt, sich von den detailgetreuen Miniaturen zu trennen.

Blechspielzeug hatte in den fünfziger Jahren noch einen hohen Stellenwert. Vornehmlich als Spielzeug benutzt, ist man über die Detailtreue erfreut. Während man bei dem Großteil der Hersteller wie CKO und Gama, um nur einige zu nennen, Phantasie-Schleppern den Vorzug gab, ist der Unimog 411 von TIPP & CO besonders auffällig. In vorbildgerechter Ausführung in Formgebung und Farbe, aber auch die Ausstattung mit Frontscheibe, abnehmbarem Verdeck und Fahrerfigur, ist er heute ein gesuchtes Sammlerobjekt.

Die existierenden Modelle, teils mit „Gebrauchsspuren“, sind ein Spiegelbild ihrer Epoche. Für den Miniatur-Landwirt und engagierten Sammler bleibt nur zu hoffen, daß – wie bei Modellautos bereits üblich – die alten Formen nicht wieder zum Leben erweckt werden. Mit einer Nachfertigung würden die „alten“ Miniaturen nicht nur ihren Sammlerwert, sondern, was noch schwerer wiegt, ihr Flair verlieren. Ein Tip für die Produzenten von Modellen: Es gibt noch genügend Schlepper aus dieser Zeit, die noch nicht als Miniatur käuflich zu erwerben sind.

Tipp & Co.

Strenco (Fendt)

Cursor (Hanomag)

Rex (Lanz)

Cursor (Renault)

Rex (Lanz)

Seidel (Eicher)

Cursor (Güldner)

Cursor (Bautz)

Von der Bronzezeit bis zum Volldrehpflug

von Michael Brettnacher

Sicher ist, daß die beiden Halbkontinente Nord- und Südamerika den Pflug in vorkolumbianischer Zeit nicht kannten. Der Rest der Welt bekam die Segnungen dieser wohl wichtigsten Landmaschine aus Europa immer dann mitgebracht, wenn im neu entdeckten Land Getreidebau möglich war. Jedenfalls läßt sich laut Brockhaus der Pflug in Europa bis in die Bronzezeit nachweisen.

Mit der Dampfmaschine bekam – zunächst theoretisch – der Landwirt die Möglichkeit, die Kuh, den Ochsen oder das Pferd als Zugmittel für meist einscharige Pflüge zu ersetzen. Hierbei taten sich im 19. Jahrhundert vor allem die Engländer hervor. Bekanntester Name und Synonym für Dampfpflügen ist die Dampflokomobile-Fabrik Fowler. Mit am Feldrand stehenden Dampflokomotiven und einer horizontal zwischen den Achsen angeordneten Seiltrommel, dem Spill, wurden die mehrscharigen Pflüge hin- und hergezogen. Je nach System und Feldgröße verwendete man entweder an jeder Seite eine eigene Lokomotive oder bediente sich eines Wendewagens als Gegenstation. Dampfpflügen wurde gewerblich bis in die sechziger Jahre ausgeführt.

Als der Traktor in seiner heutigen Form auftauchte, verdrängte er das Zugtier vor dem Pflug nur indirekt, denn in der Zwischenzeit gab es die sogenannten Tragpflüge, eigentlich selbstfahrende Pflüge, die von Stock, Hanomag oder MAN sowie zahlreichen anderen Maschinenfabriken hergestellt wurden. Allerdings kurz vor, während und nach dem ersten Weltkrieg, in wirtschaftlich schlechten Zeiten.

Bis in die fünfziger Jahre unseres Jahrhunderts bildete der an den Traktor an-

Moderner 2-Schar-Bettpflug an einem Traktor der oberen Mittelklasse. Seine schmale Bereifung deutet darauf hin, daß er in Kulturen eingesetzt wird, z.B. vor Kartoffelernten.

Ein Streifenpflug. Möglicherweise ist er noch nicht optimal eingestellt, wie der Vorderradeinschlag des Traktors verrät

Da ziehen sie ihre Furchen: Konzentriert werden die von der Jury vorgegebenen Flächen abgearbeitet

gehängte, gezogene Beetpflug das Rückgrat des modernen Ackerbaus. Mit der Einführung der Dreipunkt-Heckhydraulik mutierte der Pflug zum Anbaugerät. Der nächste Schritt ging zum Wechselpflug, dann zum Winkeldrehpflug und schließlich zum Volldrehpflug. Gemeinsamer Vorteil dieser drei Pflugarten ist,daß man nur noch eine Furche benötigt, das Feld von einer Seite zur anderen in einem Stück bearbeiten kann.

Pflügen im Wettbewerb

Im Lukasevangelium steht im 9. Kapitel sinngemäß: „Wer die Hand an den Pflug legt und schaut zurück, der ist nicht geschickt zum Reich Gottes." Gutes Pflügen basiert auf gutem Wissen um den gesamten Vorgang und auf entschlossener Arbeitsweise. So begann die organisierte Landwirtschaft schon früh, Wettbewerbe im Pflügen durchzuführen. Saubere Pflugarbeit galt und gilt als solide Basis des Ackerbaus. In Bayern gibt es den Begriff „halbscharig", mit dem man minderwertige Qualität in jeder Hinsicht bezeichnet, zurückzuführen auf das Ergebnis der Pflugarbeit von einer halben (Pflug-)schar.

Alle Jahre beginnen die Pflugwettbewerbe auf regionaler Ebene und führen schließlich sogar zu Weltmeisterschaften. Bewertet werden: Gleichmäßige Tiefe der Pflugarbeit, wobei z. B. eine Tiefe von 15 bis 17 cm vorgegeben wird. Erreicht wird dies mit der richtigen Einsstellung des Pfluges und der Traktorhydraulik. Abhängig von der Arbeitsbreite der Schar und deren Anzahl am Pflug wird auch die Gesamtfläche der einzelnen Prüfungsaufgaben vorgegeben: Nach der letzten Fahrt muß das Feld sauber gepflügt sein, ohne erforderliche Nacharbeit am Rand. Raumaufteilung von Anfang an ist also gefragt. Weiter wird überprüft, ob Stoppeln respektive Grasnarbe wirklich untergepflügt sind und ob alles durchschnitten ist. Da greift die Jury auch mal zur Schaufel oder zum Spaten und

Maß-Nahme: Der Wettbewerber mißt nach, ob die vorgegebene Arbeitstiefe erreicht wird, um danach den Pflug eventuell in seiner Einstellung zu korrigieren

führt Stichproben durch. Bei den Drehpflügen kommt es außerdem darauf an, am Anfang und Ende der Furche sauber zu arbeiten und letztendlich das sogenannte Vorbeet, die Fläche, auf der gewendet wird, exakt umzupflügen. Bei richtiger Pflugeinstellung des Anbaupfluges könnte man theoretisch kilometerlang pflügen, ohne das Lenkrad des Schleppers auch nur zu berühren. Wer also zur Zeit des großen Pflügens einen Spaziergang über die Felder macht und einen Bauern bei der Pflugarbeit mit eingeschlagenen Rädern in der Furche sieht, weiß, daß dieser Landmann wohl kaum erfolgreich im Pflugwettbewerb sein wird, außer, er stellt sein Gerät richtig ein.

Neben der Notwendigkeit des richtigen Pflügens für erfolgreichen Ackerbau entscheidet die richtige Einstellung des Pfluges auch über die ausreichende oder ungenügende Traktion des Zugfahrzeugs. Zwar gibt es keine Faustregel, mit der die

Dreipunktaufhängung und Hydraulikzylinder an einem Volldrehpflug

Dreischar-Volldrehpflug

Arbeitsbreite mit der Motorleistung des Traktors kombinert werden kann, da es auch auf die jeweiligen Bodenverhältnisse und die Tiefe der Pflugarbeit ankommt. Falsche Pflugeinstellung führt jedoch zu unnötigem Schlupf. Mit einem optimal eingestellten Pflug kann ein 75-PS-Traktor in mittelschwerem Boden etwa einen Meter Arbeitsbreite je Übergang umpflügen, was mit einem Dreischarpflug mit 35 cm Scharbreite erreicht wird. Ist der Pflug schlecht eingestellt, geht die Drehzahl dieses Mittelklasse-Traktors schnell in die Knie und letztendlich würde man mit einem Zweischar-Gerät bessere Ergebnisse erzielen. Schwierigkeiten gab es in der Vergangenheit immer wieder mit Traktoren, die 40 bis 50 PS hatten und wahlweise mit Zweischarern oder Dreischarern mit 30-cm-Pflugscharen bestückt wurden. Bei guten Bodenverhältnissen gelang die Feldarbeit mit drei Scharen, aber schon die Witterung konnte diesem Kalkül einen Strich durch die Rechnung machen und der zweischarige Pflug wäre geeigneter gewesen.

Heute wird mit 4-5 scharigen Volldrehpflügen und Traktoren mit 100 PS und mehr Leistung gearbeitet. Aufsattelpflüge, im Prinzip sind das an die Heckhydraulik des Schleppers angehängte Geräte, können 16 und mehr Pflugschare haben. Rentabel sind sie jedoch nur auf sehr großen Schlägen mit entsprechenden Zugmaschinen einzusetzen. Sie erfordern ein großes Vorgewende.

Stand der Technik sind heute Volldreh-Streifenpflüge, bei denen die Pflugschar aus Streifenblechen besteht. Neben der Gewichtseinsparung bieten sie eine optimale Selbstreinigung der Schar. Die Zukunft des Pfluges liegt nicht allein in der Maschinenvergrößerung. Aktuell ist die Verfeinerung und Automatisierung der Hydraulik, vielleicht auch die automatische, optimale Einstellung, mit der auch der „Dümmste" ein optimales Pflugergebnis „hinlegt".

Das Schlepper-prüffeld Bornim

Traktorenforschung, -entwicklung und -prüfung in Potsdam-Bornim (1928 bis 1964)

von Achim Bischof

Nur für die, die es noch nicht wissen: Bornim ist ein Ortsteil von Potsdam und liegt am nordwestlichen Rand der Landeshauptstadt, inmitten einer Landschaft, die der berühmte Gartenbaumeister Lenné unter Friedrich Wilhelm IV gestaltete und die von schönen Alleen durchzogen ist. Die herrlichen Schlösser und Gärten Potsdams sind weltbekannt, und wer noch nicht in Sanssouci war, sollte dies baldmöglichst nachholen. Es lohnt sich!

Bornim ist mehr ein Begriff für Landtechniker, und wer sich mit der Traktorenentwicklung in Deutschland befaßt, stößt früher oder später auf das „Schlepperprüffeld Bornim". Von hier gingen bedeutende und bahnbrechende Impulse aus, nicht nur für die Traktorenforschung, sondern für die gesamte Entwicklungsarbeit der Traktorenindustrie.

Im strengen Sinn betrachtet, bestand das „Schlepperprüffeld Bornim" eigentlich nur von 1928 bis 1944, denn als sich der Krieg seinem schrecklichen Ende näherte, mußten auch in Bornim die Arbeiten eingestellt werden, und der damalige Leiter, Dipl.-Ing. H. Meyer, setzte sich mit den meisten seiner Mitarbeiter gen Westen ab. In Würdigung seiner Verdienste bei der Traktorenentwicklung wurde er bei der Gründung der Forschungsanstalt für Landwirtschaft Braunschweig-Völkenrode zum Professor und zum Direktor des Instituts für Schlepperforschung berufen. So wie er das Prüffeld in Bornim mit viel Elan und Sachkenntnis aufgebaut hatte, gelang es ihm, auch das Institut in Völkenrode zu erfolgreicher Arbeit zu führen. In Fachkreisen wurde er anerkennend „Schlepper-Meyer" genannt. Auch für die späteren Bornimer Mitarbeiter blieb er stets Vorbild und Lehrmeister.

Zur Prüfung von Traktoren wurde in Rauischholzhausen bei Marburg ein neues Prüffeld eingerichtet, das schon 1950 zu arbeiten begann. Später wurde es nach Darmstadt verlegt (Prof. Franke). Bis zum Mauerbau 1961 standen wir mit beiden Einrichtungen in Verbindung, tauschten Forschungsergebnisse aus und bemühten uns, nach gleichen Regeln zu prüfen.

Die in Bornim errichteten Gebäude und die Schlepperprüfbahnen haben den Krieg überdauert. Natürlich wurden alle Einrichtungen und Prüfstände demontiert. Alles, was nicht niet- und nagelfest war, wurde abtransportiert. Sowjetsoldaten zogen ein und das Gut Bornim diente einige Jahre als Versorgungsgut der Besatzungsmacht. Inzwischen war 1951 in der DDR die Akademie der Landwirtschaftswissenschaften (AdL) gegründet worden und in Bornim sollten ein zentrales Forschungsinstitut sowie eine zentrale Prüfstelle aufgebaut werden. Verständlich, daß sich die Mitarbeiter der Schlepperabteilung zunächst wieder im alten Prüffeld einrichteten (Bild 1 und 2) und begannen, die gute Tradition des „Schlepperprüffeldes Bornim" fortzusetzen. Der Neubau des Instituts schritt rasch voran, nicht zuletzt dank der Energie, Tatkraft und Sachkenntnis seines Leiters, Prof. S. Rosegger, und im Sommer 1956 konnte auch die Schleppertechnik ihre neuen Räume beziehen. Doch der Reihe nach:

Das alte Prüffeld

Als nach dem ersten Weltkrieg die Ära der Dampfpflüge zu Ende ging und immer mehr Traktoren auftauchten, die durch Verbrennungsmotoren angetrieben wurden, als

Eingang zum alten Prüffeld in Bornim. Die Aufnahme entstand in den fünfziger Jahren. Die Gebäude wurden 1928 errichtet. Links waren früher das Büro und die Werkstatt untergebracht. Davor steht unser Dienstwagen, ein EMW Typ 340-2, 60 PS, der in Eisenach 1952/52 gebaut wurde (Bild 1)

Anhänger-Verwindungsprüfstand (Wippe) auf dem Gelände des alten Prüffeldes. Die Dauerstandsuntersuchungen lieferten u.a. Hinweise für bessere Schweißkonstruktionen (Bild 2)

aus Amerika Ford-Traktoren importiert wurden, die dort schon in Großserie vom Band liefen und die zudem recht gut waren, entstand der Wunsch, die Bauart der deutschen Traktoren einer kritischen Überprüfung zu unterziehen. Doch wer sollte diese Untersuchungen durchführen? Den Hochschulen standen zwar Labors mit Prüfständen zur Verfügung, aber – wenn überhaupt – nur kleine Flächen für den praktischen Traktoreneinsatz. Das Institut für Maschinenkunde der Landwirtschaftlichen Hochschule Berlin-Dahlem hatte einen guten Motorenprüfstand und Nabenbremsen zur Bestimmung der Getriebeverluste, aber für die Untersuchung der Kraftübertragung auf den Boden – für den Traktor unverzichtbar – stand nur ein schmaler Feldstreifen von 20 m mal 100 m Länge zur Verfügung. Daher der dringende Wunsch nach einer „richtigen" Schlepperprüfbahn, wie sie bereits in Lincoln, der Hauptstadt des nordamerikanischen Staates Nebraska, vorhanden war.

Die Lösung: Das Gut Bornim war 1927 in den Besitz des preußischen Staates gelangt, und die Landwirtschaftliche Hochschule Berlin hatte dort einen Versuchsbetrieb für Landarbeit eingerichtet (Prof. Ries). Dort gab es auch Flächen für Traktoreneinsatz. Aber von Bornim bis nach Dahlem waren 24 km auf teilweise recht schlechten Wegen zurückzulegen. Prof. Fischer, dem Direktor des Dahlemer Instituts, gelang es, die erforderlichen Mittel und in Bornim auch ein geeignetes Gelände aufzutreiben, und bereits 1927 konnte man Versuchsstände, Büro, Werkstatt und einen Schuppen bauen. 1928 legte man dann die erste Schlepperprüfbahn an, die erste in Deutschland und wohl auch in Europa. Die Leitung des Prüffeldes übertrug Prof. Fischer seinem Assistenten, Dipl.-Ing. H. Meyer (30).

Da der märkische Sand nicht den durchschnittlichen deutschen Böden entsprach, mengte man Tonanteile unter, die in tieferen Schichten vorhanden waren, und bezeichnete die so entstandene Mischung als „Mitteldeutscher Ackerboden". Er bot bei einer Arbeitstiefe von 18 cm einen spezifischen Pflugwiderstand von etwa 400 kN/dm≈. Nun konnten die Untersuchungen beginnen und die erforderlichen Meßgeräte beschafft werden.

Außer den Nabenbremsen für die Triebwerksuntersuchungen (Bild 3) entwickelte Meyer einen Bremswagen, um die Zugleistung der Schlepper zu messen (Bild 4+5). So war es möglich, den gesamten Energiefluß vom Motor bis zum Zughaken zu erfassen. Heute erscheinen uns die Meßmittel jener Jahre vorsintflutlich, aber damals waren sie neuester Stand der Technik und bildeten die entscheidende Grundlage für eine systematische wissenschaftliche Arbeit.

Meyer ging bei seinen Untersuchungen sehr gründlich vor, stellte z. B. Leistungsbilanzen auf und ermittelte die Leistungsverluste der einzelnen Baugruppen. Dabei stellte sich heraus, daß die meisten Probleme an den Triebrädern auftraten. Also mußte man sich vordringlich um die Gestaltung des Fahrwerks und der Triebräder kümmern. Damals waren die Schlepper noch mit Eisenrädern und Greifern ausgestattet, hatten meist nur drei Vorwärtsgänge und einen Rückwärtsgang und liefen 2 bis 8 km/h. Bornim untersuchte Radbreiten und Raddurchmesser, Greiferformen und die aus Amerika bereits bekannten Luftreifen für Schlepper und konnte die Vorteile der Luftbereifung eindeutig nachweisen. Heute kann man sagen, daß diese Arbeiten wesentlich dazu beigetragen haben, daß in Deutschland der Übergang vom eisenbereiften zum luftbereiften Schlepper so schnell und problemlos erfolgte. Nun konnte der Traktor auch für Transportarbeiten eingesetzt werden, er konnte schneller und auf befestigten Straßen fahren und wurde so zu der universell einsetzbaren Energiequelle in der Landwirtschaft. Überhaupt war es ein Prinzip von Bornim, nicht nur zu prüfen (wie in Lincoln, Nebraska), sondern nach Verbesserungsmöglichkeiten zu forschen und diese der Traktorenindustrie mitzuteilen. So entwickelte sich eine enge Zusammenar-

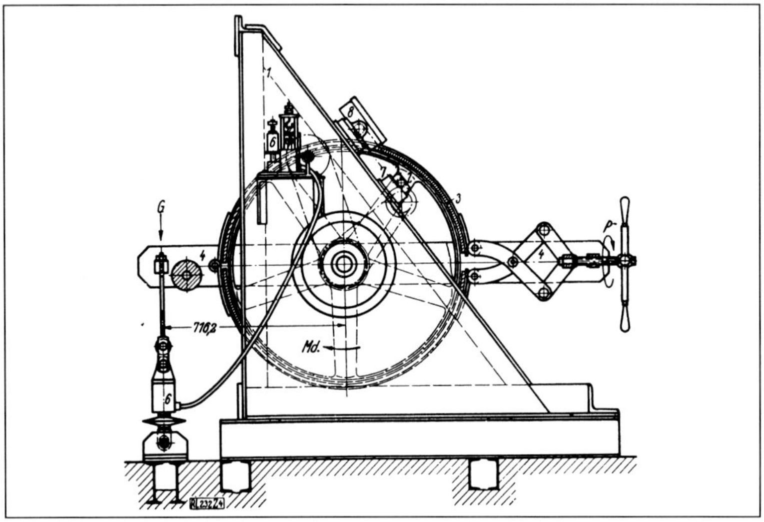

Nabenbremse nach dem Prinzip des Pronyschen Zaumes zur Messung des Drehmomentes bzw. Bestimmung der Leistung an den Triebradnaben (Bild 3)

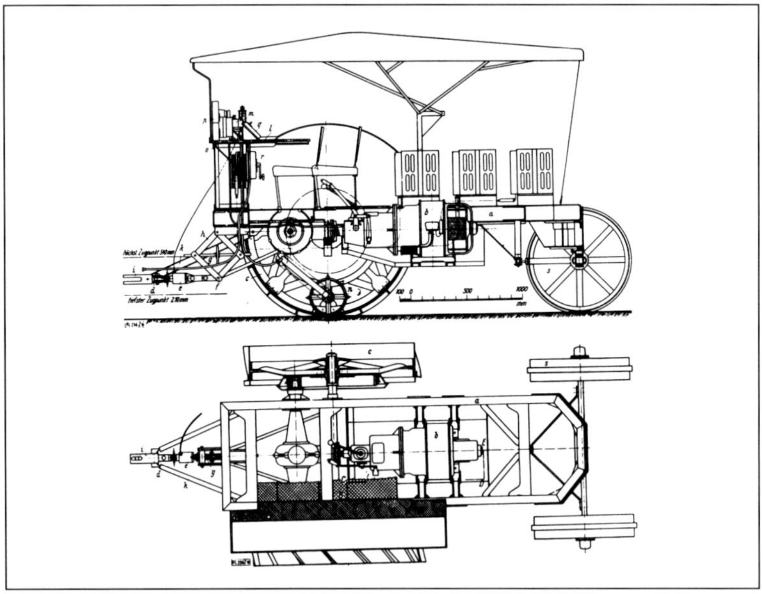

Der 1929 nach Entwürfen von H. Meyer gebaute Bremswagen mit Gleichstromgenerator und Widerständen (Bild 4)
a = Chassis
b = Generator
c = Triebräder
e = Zugkraftmesser
g = Spindel zum Einstellen
g = der Zughakenhöhe
s = Hinterräder als
S = Schleppräder

Ein Hanomag-Schlepper Typ RD 32 mit Stichprober zur Kraftstoffmessung vor dem Bremswagen auf der Prüfbahn in Bornim (1929) (Bild 5)

Im Sommer 1956 konnte in die neuen Gebäude des Instituts für Landtechnik umgezogen werden, die wesentlich günstigere Arbeitsbedingungen boten (Bild 6)

Blick in die vordere Montagehalle kurz nach dem Umzug. Vorn wird ein Geräteträger-Motor untersucht, dahinter ein Hydraulikprüfstand für Dauerstands-Untersuchungen an Kraftheber-Zylindern. Da die Motorenprüfstände noch gebaut werden, sind einige Drehmomentwagen hier abgestellt (Bild 7)

Die neu angelegten, durch Wendeplatten verbundenen fünf Prüfbahnen. Von links nach rechts: Nebraskabahn, Tonbahn, Mittlerer Deutscher Ackerboden, Sandbahn, Betonbahn (Bild 8)

Zugleistungsmessung auf der Betonbahn mit einem RS 14/30 vor dem Bremswagen (Zaunmüller), der ähnlich wie der alte Bornimer Bremswagen (Bild 7 und 8) die mechanische Energie über einen Generator und Widerstände in Wärme umwandelte (Bild 9)

beit, die viel zu dem guten Ruf, in dem Bornim stand, beigetragen hat.

Ein neues Problem tat sich auf: Beim Vergleich der in Nebraska ermittelten Zugleistungen mit den auf der Bornimer Bahn gemessenen Werten stellte sich heraus, daß der „Mitteldeutsche Ackerboden" niedrigere Werte lieferte. Deshalb wurde in Bornim 1931 eine zweite Prüfbahn angelegt, ähnlich der in Nebraska, mit einem schweren Boden, auf dem sich größere Zugkräfte abstützen ließen. Die deutschen Schlepperhersteller waren zufrieden, vergleichbare Prüfberichte zu bekommen, denn diese waren zu geschätzten Verkaufsargumenten, auch im Export, geworden.

Um den Übergang von der tierischen zur mechanischen Zugkraft zu beschleunigen, wollte man Mitte der dreißiger Jahre mehr Kleinschlepper, sogenannte „Bauernschlepper" einsetzen. Bornim, inzwischen selbstständig geworden, erhielt 1937 den Auftrag, eine Traktoren-Vergleichsprüfung durchzuführen. Von 16 untersuchten Typen konnten aber nur vier Schlepper als „gut brauchbar" eingestuft werden. Anschließend wurden noch elf Typen von Anhängepflügen untersucht, mit besserem Ergebnis.

Als der bevorstehende Krieg bereits kommende Probleme erahnen ließ, z. B. die der Instandhaltung und Ersatzteilversorgung der Traktoren, mußte Bornim ein Typenbauprogramm ausarbeiten mit dem Ziel einer Reduzierung der 62 Baumuster auf nur 17 Grundtypen. Und als ab 1942 die Umrüstung der Traktoren auf Holzgas erfolgte, war Bornim wieder maßgeblich beteiligt.

Die umfangreichen Untersuchungen über eine zweckmäßige Ausbildung der Schlepperfahrwerke und ihr Verhalten auf unterschiedlichen Fahrbahnen, die Vergleiche der Zugfähigkeit von Schleppern mit Hinterrad- und mit Allradantrieb, die Untersuchungen über Schleppergetriebe im landwirtschaftlichen Einsatz und über das Kräftespiel zwischen Schlepper und Arbeitsgerät lieferten wichtige Kennwerte für die Weiterentwicklung der Traktoren. Über die in Bornim durchgeführten Arbeiten gibt es eine Vielzahl von Berichten und Veröffentlichungen, beginnend mit der Schilderung der Untersuchung der Motorschlepper und des Aufbaus des Prüffeldes in Bornim von Prof. Fischer aus dem Jahr 1929, dem auch die Abbildungen 3 bis 5 entnommen sind. Weitere Veröffentlichungen stammen von Meyer, Kliefoth, Lengsfeld, Zander, Flücht u. a. Sie belegen die in Bornim geleistete Pionierarbeit.

Beeindruckend ist auch, mit welcher Sachkenntnis und Treffsicherheit die Bornimer Mitarbeiter vorausschauend Vorschläge für die weitere Schlepperentwicklung – nach dem Krieg – machten, zum Beispiel Antrieb von Maschinen über Zapfwellen, auch nach vorn, hydraulische statt mechanische Kraftübertragung, Reduzierung der Schleppermasse, Allradantrieb, hydraulische Kraftheber am Heck und – nicht zuletzt wesentlich bessere Arbeitsbedingungen für den Traktoristen. Viel ist inzwischen schon zur Selbstverständlichkeit geworden.

Das neue Schlepperprüffeld

Im Sommer 1956 konnten die neu erbauten Gebäude bezogen werden (Bild 6). Die Abteilung Schleppertechnik erhielt zwei große, helle Montagehallen mit Kranbahn (Bild 7), reichlich Nebenräume für Prüfstände, Labors, Werkstätten, Konstruktions- und Zeichenräume, Fotolabor, Dokumentation, Lager usw. und natürlich ausreichend Arbeitszimmer für die Mitarbeiter.

Auch die beiden Prüfbahnen zogen mit um, d.h. die Böden wurden abgetragen und zwei der neuen Bahnen damit aufgefüllt. Insgesamt waren fünf Prüfbahnen vorgesehen (eigentlich sogar sechs, eine Kleinpflasterbahn unmittelbar vor den Toren der Hallen, die aber niemals für Messungen benutzt wurde). Es waren: die Nebraskabahn (toniger Lehm), eine Prüfbahn mit schwerem Tonboden (für Allrad- und Kettentraktoren), die Bahn mit dem mitteldeutschen Ackerboden (sandiger Lehmboden), die Bahn mit lehmigem Sandboden (z. B. für Verschleißuntersuchungen) und die am meisten verwendete Betonbahn (Bild 8).

Der Gedanke der parallelen, durch Wendeplatten verbundenen und durch Laufrillen getrennten Bahnen (Lugner) erschien zunächst bestechend, erwies sich aber bei der praktischen Arbeit als doch nicht so gut. In den Betonrillen sollten luftbereifte Meß- und Gerätewagen laufen, die aber nie gebaut wurden. Und die Länge der Bahnen mit je 100 m war auch nicht üppig, wenn man im Beharrungszustand messen wollte. Glücklicherweise erlangte die Betonbahn auch international immer mehr an Bedeutung (Bild 9), sie war fast ganzjährig nutzbar, die Meßergebnisse waren gut reproduzier- und vergleichbar.

Für Dauerstandsuntersuchungen bauten wir uns noch einen Rundlaufprüfstand (Bild 10), der je nach Bedarf mit Hindernissen (Schwellen) bestückt werden konnte, und der weitgehend automatisch arbeitete. In einer der Hallen richteten wir auch wieder einen Verwindungsprüfstand (Wippe) für landwirtschaftliche Anhänger ein (Bild 11).

Da die Motorensituation damals recht unbefriedigend war, mußten wir viele Prüf- und Dauerläufe durchführen. Deshalb legten wir Wert auf moderne, gut ausgerüstete Motorenprüfstände mit schallisolierten Kabinen. Wir arbeiteten mit Wasserwirbelbremsen und elektrischen, über Leonardsätze geregelten Pendelmaschinen. Auch die Zapfwellenleistung haben wir mit Pendelmaschinen gemessen (Bild 12). Für Getriebe- und Achsantriebsuntersuchungen hatten wir Nabenbremsen, wie einst auch H. Meyer (Bild 13). Zur Untersuchung der Einspritzpumpen standen uns zwei Prüfstände zur Verfügung (Bild 14). Man kann sagen, daß wir damals nach dem neuesten Stand der Technik ausgerüstet waren.

Prüfung

Der erste Prüfbericht nach dem Krieg erschien 1956 über den Mehrzweckradschlepper RS 04/30 (Kahlisch), dann folgte der RS 01/40-II, Typ „Harz“ (1957), und als dritter Traktor wurde der für den Import aus der Tschechoslowakei vorgesehene „Zetor Super“ geprüft. Bild 15 zeigt die Anlieferung eines RS 14/30 (Prüfbericht Nr. 7). Der in Budapest produzierte 65-PS-Allradtraktor D 4 K wurde 1962 von Stieglitz geprüft (Prüfbericht Nr. 6, Bild 16). Es folgten der Radtraktor Belarus MTS – 5 MS aus der ehemaligen UdSSR (Prüfbericht Nr. 8, Bild 17) und der weiterentwickelte „Zetor 50 Super“ aus dem Traktorenwerk Brünn (Prüfbericht Nr. 11, Bild 18).

Uns war natürlich klar, daß die rein technische Prüfung eines Traktors nicht befriedigen kann. Deshalb haben wir seit 1958 in zunehmendem Maß auch landwirtschaftliche Einsatzprüfungen durchgeführt. Da-bei bedienten wir uns der Hilfe der inzwischen in den wichtigsten landwirtschaftlichen Produktionsgebieten eingerichteten 15 Prüfgruppen, die zwar meist den Maschinen-Traktoren-Stationen (MTS) angegliedert, aber dem Institut direkt unterstellt waren.

Geprüft wurden auch Traktorenzubehör, Fahrerkabinen, Zusatzbaugruppen, wie z. B. die Anbauhalbraupe für den RS 14/30 (Bild 19) und landwirtschaftliche Anhänger. Darüber hinaus mußten etliche Prinzip- und Funktionsmuster untersucht werden, die später nicht in Serie gegangen sind, wie z. B. der im Leipziger Institut für Landmaschinen und Traktorenbau entwickelte Tandem-Traktor, (Bild 20) oder ein Allradtraktor mit Schlupflenkung (Bild 21). Sehr viel Aufwand erforderte die Prüfung des Seilzugaggregates (Drechsler). Die Motoren (180 PS) waren für unsere Prüfstände in Bornim zu groß. Wir mußten im Weimar-Werk extra einen Prüfstand in einem Zelt einrichten. Für die Prüfung der Kettenschlepper und die vom Brandenburger Traktorenwerk ent-

Für Reifen- und Dauerstandsuntersuchungen wurde ein Rundlaufprüfstand (30 m Durchmesser) gebaut, der mit Hindernissen (Schwellen) bestückt werden konnte. Betrieb ferngesteuert und weitgehend automatisch. Im Traktor befand sich anstelle des Dieselmotors ein Elektromotor (Bild 10)

Für die Untersuchung von Anhängern wurde in einer der Motagehallen wieder ein Verwindungsprüfstand gebaut (Bild 11)

Bestimmung der Leistungsabgabe an der hinteren Zapfwelle eines RS 14/30 (Bild 12)

wickelten Gummigleisbänder war Stieglitz zuständig.

Ein positives Prüfurteil von Bornim war Voraussetzung für die Serienfreigabe oder die Genehmigung zum Import. Daraus erhellt, daß die Prüfungen sehr gründlich und umfangreich erfolgen mußten. Da es in der DDR nur drei Traktorenhersteller gab und der Import nur aus dem „sozialistischen" Ausland erfolgen durfte, fehlten auch konkurrenzbedingte Anreize für Funktion und Qualität. Am längsten dauerte die Prüfung des Geräteträgers (Drechsler), da das Traktorenwerk Schönebeck sich redlich Mühe gab, alle auftretenden Mängel abzustellen, die das Endurteil hätten gefährden können. Besondere Sorge bereitete der in Lizenz von Warchalowski (Österreich) gefertigte 18-PS-Zweizylinder, der später von dem wesentlich besseren, vom Motorenwerk Cunewalde hergestellten 25-PS-Vierzylinder-Dieselmotor abgelöst wurde.

Bei den Prüfungsabschlußbesprechungen gab es mitunter harte Auseinandersetzungen mit den Werksvertretern, die sehr engagiert waren, ihre Erzeugnisse oft mit Herzblut und unter den Schwierigkeiten der Mangelwirtschaft entwickelt hatten, und den Vertretern des „Staatsapparates", denen die Landwirtschaft im Nacken saß, und die sehr dringend gute und bessere Maschinen benötigten.

An dieser Stelle muß noch einmal unser damaliger Institutsdirektor, Prof. Rosegger, erwähnt werden, der durch seine korrekte, unbestechliche und unerschrockene Haltung – auch den Partei- und Staatsdienern gegenüber – sehr geholfen hat, unsere Prüfergebnisse zu verteidigen und durchzusetzen. Leider wurde er nach dem Mauerbau im Herbst 1961 seines Postens enthoben.

Forschung

Schon im Jahr 1954 wurden von Bornim Vorschläge für die Schlepperentwicklung gemacht, besonders hinsichtlich der Traktormassen (Lugner). 1955 forderte Bornim, die Traktoren mit besseren Ansaug- und Abgasanlagen auszurüsten und schlug geeignete Baumuster vor, Zyklon-Luftfilter mit nachgeschaltetem Ölbad-Filter und funkensichere Abgaszyklone (Lugner, Zaunmüller). Damit wurden alle Traktoren der DDR ausgerüstet, was zu einer Erhöhung der Nutzungsdauer der Motoren und zu einer geringeren Brandgefährdung führte.

Die Erfahrungen, die mit der Prüfung der Anhänger gewonnen wurden, mündeten in dem Vorschlag, anstelle der bisher produzierten 80 Typen fortan nur noch eine Reihe von fünf Grundtypen zu fertigen (Zaunmüller). Auch dieser Vorschlag wurde realisiert.

Inzwischen gehörten zwar eisenbereifte Schlepper der Vergangenheit an, aber zweckmäßige Luftbereifungen und eine Abstimmung der Reifengrößen mit den zuständigen Reifenwerken waren schon not-

Getriebeprüfung bei variabler Belastung durch zwei Nabenbremsen (Bild 13)

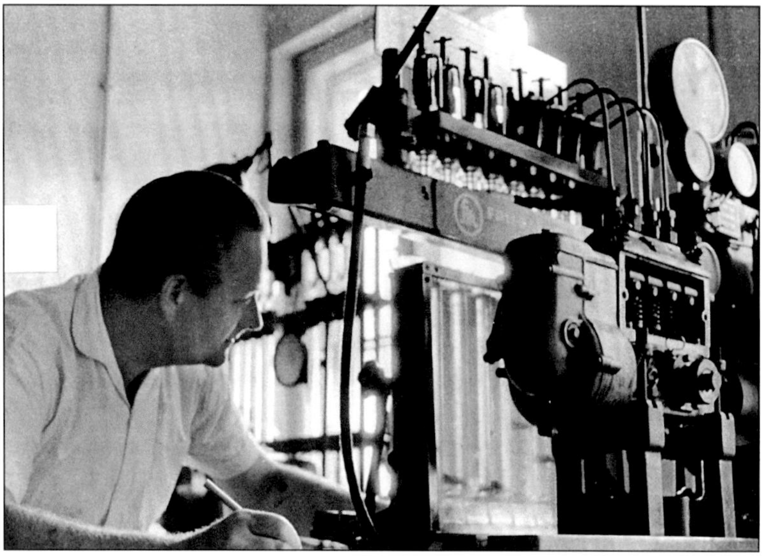

Aufnahme der Förchercharakteristik der Einspritzpumpe eines Traktors auf einem der beiden Pumpenprüfstände (Bild 14)

Der RS 01/40 bringt einen RS 14/30 auf einem Tieflader zur Prüfung nach Bornim (Bild 15)

Der im Traktorenwerk „Roter Stern“ Budapest hergestellte Allradtraktor D 4 K mit 65 PS bei 1650 U/min. Prüfbericht Nr. 6 (1962) (Bild 16)

Der aus der ehemaligen UdSSR stammende Radtraktor „Belarus MTS – 5 MS“ mit wassergekühltem Vierzlyinder-Dieselmotor (45 PS bei 1500 U/min). Massenleistungsverhältnis 61 kg/PS. Prüfbericht Nr. 8 (1962) (Bild 17)

Der „Zetor 50 Super“ mit wassergekühltem 4-Zyl.-Dieselmotor (50 PS bei 1650 U/min), Blockbauweise. Hersteller: Traktorenwerke Brünn, ehemalige Tschechoslowakei. Prüfbericht Nr. 11 (1962) (Bild 18)

wendig (Schulte, Domsch). Leider waren die Möglichkeiten der Reifenindustrie sehr beschränkt, so daß mancher Wunsch ein Traum bleiben mußte.

Die vordringlichen Aufgaben der Jahre 1956 bis 1964 lassen sich unter dem Oberbegriff „Verbesserung der energetischen Basis der Landwirtschaft" einordnen. Mehr als unbefriedigend war 1956 die Motorensituation im Schlepperbau. Hier galt es, mit einem alten Vorurteil aufzuräumen, daß für Traktoren ein spezieller „Landmotor-Diesel" erforderlich sei. Fritz Huber von Lanz mag ja mit seiner Maxime, der Schleppermotor könne nicht einzylindrig genug sein, recht gehabt haben, als der Motorenbau noch in den Kinderschuhen steckte. Inzwischen gab es aber genug Mehrzylindermotoren, die ihre Zuverlässigkeit und Standfestigkeit bewiesen hatten. Einen solchen robusten Vierzylinder bauten z. B. die Robur-Werke Zittau (vormals Phänomen, Gustav Hiller) in ihre LKWs ein. Wir entschlossen uns, einen solchen Motor auch im Traktor zu erproben und bauten auf der Basis eines RS 14/30 ein Prinzipmuster, das wir RS 14/50 nannten (Bild 22). Da der LKW-Motor natürlich nicht selbsttragend konzipiert war, mußten wir ihn in einem am Getriebe angeflanschten Halbrahmen lagern. Die höhere Drehzahl glichen wir mit im Durchmesser kleinerer Triebradbereifung aus. So konnte das Getriebe unverändert bleiben. Der leichtere Motor führte auch zu einem günstigeren Masse/Leistungsverhältnis. Unser Vorschlag (Bischof, Drechsler) wurde von der Industrie aufgegriffen und führte – zwar nicht ganz so wie beabsichtigt – zur Entwicklung des RS 14/46.

Das von uns gebaute Prinzipmuster RS 14/50 bewährte sich im landwirtschaftlichen Einsatz so gut (Bild 23), daß wir daran gingen, auf der Basis von Baugruppen des Robur-Allrad-LKW einen 60-PS-Allrad-Traktor (Bild 24) zu konstruieren, der in erster Linie für den Einsatz mit den in größerer Stückzahl auf die Landwirtschaft zukommenden Vollerntemaschinen gedacht war. Auch dieser Vorschlag (Bischof/Zaunmüller) wurde von der Industrie aufgegriffen und weiterentwickelt. Funktionsmuster wurden gebaut und eingehend – mit gutem Ergebnis – erprobt. Scherzhaft wurde dieses Fahrzeug wegen seiner Ähnlichkeit mit dem „Unimog" auch „Bornimog" genannt.

Ein ständiger Schwerpunkt unserer Forschungsarbeit war die arbeitshygienische Gestaltung des Arbeitsplatzes des Traktoristen, der Kabine und besonders des Schleppersitzes. Frau Dr. med. R. Rosegger hatte 371 Traktoristen verschiedener Maschinen-Traktoren-Stationen systematisch untersucht und war dabei zu alarmierenden Ergebnissen gekommen. Dringend mußte die Schwingungs- und Lärmbelastung des Schlepperfahrers vermindert werden. Umsturzsichere Kabinen mit besseren Einstiegsmöglichkeiten waren notwendig. Umfangreiche, grundlegende Untersuchungen über die drei elastisch gekoppelten Schwingsysteme Triebreifen – Triebachse, Federung – Sitzschale und Polsterung – Mensch wurden durchgeführt und entsprechende Meßverfahren entwickelt (Drechsler). Wenn die aus diesen Untersuchungen resultierenden Forderungen auch einen höheren Aufwand seitens der Hersteller erforderten, so wurden sie doch Schritt für Schritt verwirklicht.

Um die Typenvielzahl der inzwischen in der Landwirtschaft eingesetzten Traktoren – schon allein wegen der schwierigen Ersatzteilhaltung – zu verringern, wurde eine Forschungsarbeit unter dem Thema „Schleppersystem" begonnen (Bischof, Zaunmüller, Adams) mit dem Ziel, eine Traktorenreihe mit nur drei Grundtypen zu schaffen. „Landwirtschaftliche Forderungen an ein einheitliches Traktorensystem" und Richtlinien für die „Gestaltung landwirtschaftlicher Traktoren" wurden erarbeitet. Die Ergebnisse dieser und weiterer Arbeiten lieferten die Grundlage für Entwicklungen im Traktorenwerk Schönebeck, wo nach eingehender Erprobung und Prüfung der erste Traktor, der ZT 300 (Bild 26), 1967 in Serie ging.

Anbau-Halbraupe zum Radtraktor RS 14/30. Prüfbericht Nr. 119 (1957) (Bild 19)

Aus England stammte die Idee, aus zwei hinterradgetriebenen Standard-Traktoren einen Allrad-Traktor mit Knicklenkung zusammenzustellen. Im Institut für Landmaschinen- und Traktorenbau Leipzig wurde aus zwei Traktoren mit je 36 PS dieser Tandem-Traktor mit 72 PS gebaut, in Bornim erprobt (Bild 20)

Internationale Zusammenarbeit

Bis zum Mauerbau 1961 hatten wir Kontakte zu allen bedeutenden Forschungs- und Prüfeinrichtungen, denn wir legten großen Wert auf wissenschaftliche Zusammenarbeit, Austausch von Erfahrungen und Ergebnissen. Und das „Schlepperprüffeld Bornim“ war nach wie vor ein Begriff. Wir besuchten z. B. die Konstrukteurtagungen in Braunschweig-Völkenrode und die dortigen Mitarbeiter kamen zu den Wissenschaftlichen Jahrestagungen nach Bornim. Auch die DLG-Ausstellungen durften wir uns anschauen. Nach 1961 blieben uns nur die sogenannten „sozialistischen“ Länder offen. Gute, kollegiale Zusammenarbeit gab es mit Budapest/Gödöllö und Prag-Repy, auch mit Warschau tauschten wir Erfahrungen aus. Etwas schwieriger war die Zusammenarbeit mit dem an sich sehr leistungsfähigen Institut NATI in Moskau, da die Mitarbeiter dort sehr strengen Geheimhaltungsvorschriften unterlagen.

Zäsur

Am 30.06.1964 wurde die Abteilung Schleppertechnik organisatorisch aus dem Institut für Landtechnik ausgegliedert und – unter Beibehaltung ihrer Arbeitsstätten – dem Traktorenwerk Schönebeck zugeordnet. Nach Meinung der zuständigen staatlichen Stellen sollte die Kapazität des erfolgreichen Bornimer Kollektivs so noch besser für die schnelle Entwicklung der Traktoren und Landmaschinen wirksam werden.

Von der Arbeit in den zwölf Jahren der Zugehörigkeit des „Schlepperprüffeldes Bornim“ zum Institut für Landtechnik zeugen u. a. über 80 Publikationen in nationalen und internationalen Fachzeitschriften und Tagungsberichten (Bischof, Adams, Drechsler, Domsch, Stieglitz, Zaunmüller), sechs Vorträge auf den wissenschaftlichen Jahrestagungen des Instituts und weitere Vorträge auf internationalen Veranstaltungen, zwölf abgeschlossene Forschungsberichte, zwölf veröffentlichte Schlepper-Prüfberichte, drei Prüfberichte über Schlepperzubehör und zwölf Anhänger-Prüfberichte. Etliche Berichte blieben unveröffentlicht, da sie negative Ergebnisse enthielten, also keine Serienproduktion erfolgte oder kein Import stattfand.

Über die nicht weniger interessanten Forschungs- und Entwicklungsarbeiten, die von 1964 bis 1991 in Bornim durchgeführt wurden und die schon in die Zukunft des Traktoren- und Landmaschinenbaus hineinreichen, wird demnächst berichtet. Im Juni 1991 wurde die Außenstelle des Traktorenwerkes Schönebeck in Potsdam-Bornim aufgelöst.

Und wie ging es mit der Prüfung von Traktoren nach 1964 weiter? Am 01.01.1965 wurde die „Zentrale Prüfstelle für Landtechnik“ (ZPL) mit Sitz in Potsdam-Bornim gegründet. Sie unterstand direkt dem Staatlichen Komitee für Landtechnik (SKL) und war für das gesamte Prüfwesen der Landwirtschaft verantwortlich. Damit war das Institut nicht mehr für die Prüfung von Landmaschinen zuständig. Forschung, Entwicklung und Prüfung waren getrennt. Am 30.09.1991 wurde auch die ZPL „abgewickelt“.

Prinzipmuster eines Allradtraktors (Typenbezeichnung RS 10) mit Schlupflenkung. Die Vorderräder wurden auf jeder Seite durch Ketten von der Hinterachse aus angetrieben. Für die Untersuchungen stand uns der Bremswagen der Brandenburger Traktorenwerke zur Verfügung (Bild 21)

Prinzipmuster RS 14/50. In einen RS 14/30 wurde anstelle des wassergekühlten Zweizylindermotors (30 PS bei 1500 U/min) ein luftgekühlter Vierzylindermotor (50 PS bei 2000 U/min) eingebaut. Durch den Übergang von der Blockbauweise zur Rahmenbauweise wurde die Traktormasse herabgesetzt. Anstelle der großen Triebradreifen 9-40 wurden kleinere Reifen 13-30 verwendet (Bild 22)

Das Prinzipmuster des Traktors RS 14/50 mit luftgekühltem Vierzylinder-LKW-Dieselmotor bewährte sich im landwirtschaftlichen Einsatz. Hier bei der dreifurchigen Pflugarbeit (Bild 23)

Prinzipmuster eines 60 PS Allradtraktors unter weitgehender Verwendung vorhandener Baugruppen (Bornimog) (Bild 24)

Vorbereitungen zur Messung der Vertikalbeschleunigungen am Rücken des Traktoristen. Weitere Meßstellen befinden sich an der Sitzschale und am Triebachsgehäuse. Auf dem rechten Schutzblech ist als Vorverstärker ein Trägerfrequenzgerät aufgebaut. Die Registrierung der Impulse erfolgt über einen Schleifenoszillographen im nebenher fahrenden Begleitfahrzeug (Bild 25)

Der im Traktorenwerk Schönebeck in Serie gebaute Zugtraktor ZT 300 basierte auf Vorarbeiten, die in Bornim geleistet wurden (Bild 26)

Der Ackerschlepper als Spezialist

von Günter Heitmann

Die land- oder forstwirtschaftlichen (lof) Zugmaschinen in der Ackerschlepper-, Geräteträger- oder Trac-Ausführung lassen sich vielseitig einsetzen. Mit der entsprechenden Serienausstattung sind sie vielfach schon als Universalschlepper geeignet (u. a. Acker-, Frontlade- und Transportarbeiten).

Aus arbeitswirtschaftlichen Gründen werden manche Schlepper auch als Spezialisten eingesetzt. Die dafür notwendige Zusatzausrüstung verbleibt generell oder über einen längeren Zeitraum an der Zugmaschine, so daß andere Arbeiten teilweise nur bedingt möglich sind. Mit dem Einsatz spezieller Schlepper werden die Rüstzeiten verringert. Außerdem schränkt der geringere Ausrüstungswechsel höhere Abnutzungserscheinungen an Stellteilen oder Schraubverbindungen ein.

Allerdings sollten auch mit Spezialschleppern die jährlich erforderlichen Betriebsstunden annähernd erreicht werden. Die liegen gemäß dem KTBL Taschenbuch bei 1 000 Stunden. Das gilt insbesondere bei einer Neuanschaffung. Gelingt das nicht, ist der Schlepper universeller einzusetzen. Diesbezüglich sind zeitlich bedingte Einsatzüberschneidungen zu berücksichtigen.

Ein Spezialschlepper kann in der Anschaffung kostengünstiger gestaltet werden, weil nicht alle Ausrüstungsgegenstände für den Einsatz erforderlich sind. Folgende Einsätze lassen sich spezialisieren:

- Transporte mit Schnellläufern,
- Saatbettbereitung,
- Schwere Zugarbeit,
- Grünlandmaßnahmen,
- Pflegearbeiten
- Landschaftspflege,
- Obst- und Weinbau,
- Forstbetrieb,
- Frontladerarbeit,
- Grünflächenpflege,
- Rückfahrbetrieb im Ernteeinsatz
- Hofeinsätze

Zugmaschinenausführungen wie Geräteträger oder Tracsysteme, aber auch Standardschlepper haben vielfältige Anbauräume. Damit lassen sich auch Maschinen und Geräte anbauen und antreiben, die nicht nur für die klassische Land- oder Forstwirtschaft gelten, sondern auch für den außerlandwirtschaftlichen verwandten Bereich (z. B. Landschaftspflege, Kommunalarbeiten) geeignet sind.

Preisvergleich mit Zubehör

Wie bereits erwähnt, lassen sich Schlepper relativ komplett ausrüsten. Bei Preisvergleichen kann das Zubehör jedoch eine entscheidende Rolle spielen. Da sind insbesondere die Druckluft-Beschaffungsanlage, Hydraulikanschlüsse, Zusatzgewichte, Klimaanlage, Getriebebauarten, die Fronthydraulik bzw. -zapfwelle, die Hitch-Anhängung oder Kommunikationstechnik zu nennen. Je nach Einsatzzweck müssen auch spezielle Anbaugeräte wie Front- bzw. Hecklader, Forst- oder Kommunalausrüstung berücksichtigt werden. Einige Zubehörteile lassen sich ohne Berücksichtigung der straßenverkehrsrechtlichen Bestimmungen nachrüsten (z. B. Zusatzsteuergeräte, Klimaanlage, Kommunikationstechniken).

Andere sind mit einer Eintragung in die Kfz-Papiere verbunden. Der nachträgliche Anbau von Fronthydraulik, Frontlader oder Zusatzgewichte können eine Leergewichtsänderung nach sich ziehen. Verschiedene Reifengrößen müssen ebenfalls in den Kfz-Papieren vermerkt sein.

Für die Saatbettbereitung hat dieser Schlepper neben der Fronthydraulik eine Frontbereifung, die in etwa auf die Breite der handelsüblichen Hinterräder abgestimmt ist. Diese sogenannten Front-Breitreifen können mit einem relativ geringen Reifeninnendruck fahren. Sie haben dabei noch genügend Tragkraft, um den Frontpacker mitzuführen. Die Spurtiefen werden mit dieser Reifenausrüstung geringer. Bei Allradantrieb muß auf die Toleranzgrenze des Vorlaufs der Frontträder zu den Hinterrädern geachtet werden

Die sogenannte Grünlandausführung kann als Neuschlepper, aber auch mit vorhandenen Standardschleppern entsprechend erstellt werden. Die Einsatzbereiche liegen in der Futterwerbung, aber auch die Landschaftspflege wäre nicht zu vergessen. Der Schlepper verfügt über Fronthydraulik und Frontzapfwelle. Eine gute Sicht zum Frontgerät bieten Schrägmotorhauben. Die Reifen sind relativ breit mit niedriger Stollenhöhe ausgeführt. Der Reifeninnendruck wird möglichst niedrig gehalten. Zudem soll der Grünlandschlepper kompakt gebaut sein (Wendigkeit) und in der Bauhöhe niedrig liegen. Auf weniger tragfähigen Böden (z. B. anmoorig) wird auch eine leichtere Bauausführung verlangt. In Kombination mit Frontmähwerk und Ladewagen sind leistungsstärkere Schlepper gefragt

Für weitere Entfernungen - ab etwa 30 km – die beispielsweise durch Abbau von Verwertungsstellen entstanden sind, werden oft schnelllaufende Zugmaschinen mit kleineren Antriebsrädern eingesetzt. Mit 40 t zulässigem Gesamtgewicht (gesamter Zug), sind Motorleistungen von über 130 kW notwendig und Höchstgeschwindigkeiten bis 80 km/h möglich.Die Zugmaschinen (z. B. Ackerschlepper) haben oft nicht genügend Leistung, um derartige Nutzmassen mit höheren Geschwindigkeiten fahren zu können. Außerdem ist der Abrieb der Profile üblicher AS-Bereifung bei Fahrt auf Straßen nicht zu unterschätzen

Zur Erhöhung der Tragkraft (beim Mitführen von größeren Behältern) und um eine höhere Bodenfreiheit (ca. 70-80 cm) bei der Spätbehandlung von Früchten zu haben, wurden Schlepper z. T. vorn und hinten mit gleichgroßen Pflegerädern ausgerüstet. Mit diesen relativ hohen Rädern wird allerdings die Wendigkeit eingeschränkt. Es gibt Werkstätten, die auch gebrauchte Schlepper entsprechend umbauen

Besonders die Diskussionen um die Bodenschonung im Bereich der Saatbettbereitung lassen von Fall zu Fall Schlepper mit derartig großvolumigen Terra-Reifen entstehen. Nicht allein die größere Auflagefläche und der geringere Reifeninnendruck sind von Bedeutung, sondern auch die Profilierung. Sie soll nicht zu stark ausgeprägt sein, damit neben dem Boden auch die Pflanzen geschont werden. Allerdings kann eine geringere Profilierung die Zugkraft auf dem Acker beeinträchtigen. Dies gilt insbesondere, wenn feuchtere Verhältnisse und an der Oberfläche Pflanzenrückstände verbleiben. Eine Reifendruckregelanlage mit der der Reifeninnendruck auf dem Acker und entsprechend auf der Straße eingestellt werden kann, wäre bei derartigen Reifen vorteilhaft

In einigen Fällen kommen auch derartige Leichtfahrzeuge zum Einsatz. Sie sind in Vierrad- und Dreiradausführung erhältlich. Für das Mitführen von Behältern ist in erster Linie ein zusätzlich angehängtes Transportfahrzeug erforderlich. Die Tragkraft des Zugfahrzeuges ist meistens zu gering

Im Vergleich zu dem als Leichtfahrzeug umgebauten, kleineren Gebrauchtschlepper ist für die Drei-bzw. Vierradausführung ein höherer Preis in der Anschaffung einzuplanen. Mit den umgebauten Gebrauchtschleppern läßt sich oft die gleiche Arbeit durchführen

Anforderungen der Praxis

Alle Schlepper sollen über gewisse grundsätzliche technische Anforderungen verfügen, die den landwirtschaftlichen Einsätzen gerecht werden.

Im Motorbau hat der Abgasturbolader-Dieselmotor mit Ladeluftkühlung bei den größeren Leistungsklassen einen hohen Stellenwert eingenommen. Eine gute Motorcharakteristik bietet zudem der Konstantmotor, der die Nennleistung vor der Nenndrehzahl, einen optimierten Drehmomentverlauf und auch verbesserte Kraftstoffverbrauchswerte aufweist. Ein Konstantmotor übersteht eher Belastungsspitzen, wie sie beispielsweise während der Pflugarbeit auftreten können.

Wer sein Diesel-Fahrzeug mit RME fahren will, sollte sich eine Unbedenklichkeitsbescheinigung des Herstellers geben lassen. Einige Hersteller bieten neben der technischen Freigabe auch die Garantie an. Das gleiche gilt beim Einsatz von Schmierstoffen auf Pflanzenölbasis.

Ein größeres Kraftstoffvolumen, um über eine längere Zeit fahren zu können, läßt sich mit einem Zusatztank realisieren.

Verschiedene Schaltgetriebe

Bei den Arbeitsmaschinen ist der Multifunktionshebel schon geläufig. Mittlerweile wird er auch bei einigen Ackerschleppern verwandt. In erster Linie lassen sich Schaltgetriebefunktionen wie Lastschaltungen, Reversierungen, Gruppen oder Hydraulikfunktionen anwählen. Nachteilig ist, daß fast jeder Hersteller andere Darstellungen für Bedienelemente einsetzt. Sie sind nicht genormt.

Immer mehr Hersteller bieten verschiedene Lastschaltgetriebe-Bauarten an. Man kann beispielsweise einen Gang, in einer Gruppe vier Gänge, alle Gänge, die Vorwärts-/Rückwärtsstufe (Reservierung) unter Last schalten.

Die Vorteile der Lastschaltung sind bei Arbeiten in Hanglagen, auf wechselnden Böden, mit schwergängigen Maschinen oder mit Bestellkombinationen zu sehen.

Die Reversierung eignet sich für den Frontladerbetrieb, aber auch für andere häufige Wendearbeiten. Teilweise werden die momentan eingeschalteten Gänge auf Anzeigen wiedergegeben. So lassen sich Arbeitsgeschwindigkeiten nachvollziehen.

Schnellläufer

Die Zugmaschinen werden über 95% serienmäßig mit einer bauartbedingten Höchstgeschwindigkeit von 40 km/h ausgeliefert. Mittlerweile sind Endgeschwindigkeiten von 50, 65 oder 80 km/h keine Seltenheit mehr.

Gefederte Vorderachsen, u. a. hydropneumatische Bauart, werden notwendig, um eine ausreichende Fahrstabilität bei schnellerer Straßenfahrt zu erreichen. Man kann dies natürlich auch als Fahrkomfort für den Fahrer ansehen.

Normalerweise benötigen die schnelllaufenden Zugmaschinen in den oberen Gängen eine relativ hohe Motorleistung, wenn man größere Nutzmassen entsprechend flott transportieren will. Für den Anhängerbetrieb ist eine Druckluft-Beschaffungsanlage heutzutage notwendig. Das Zweileitungssystem sollte den Vorzug haben. Denn auch während des Bremsvorganges wird weiterhin Luft zum Anhängerbehälter befördert.

Neben der üblichen Anhängekupplung gesellt sich öfter die Hitch-Anhängung. Sie ist auch für Schnellläufer genehmigt. Die Tragachsen bzw. die Rahmen von Anbaugeräten können bei höheren Geschwindigkeiten stärker beansprucht werden. Das gilt besonders bei Fahrten auf unebenen Wegen. Der Schwingungsausgleich, im Hydrauliksystem integriert, kann gewisse Belastungsspitzen ausgleichen. Die jungen Auszubildenden der Betriebe dürfen derarti-

Der Schlepper mit einer Rückfahreinrichtung wird in erster Linie bei Erntearbeiten eingesetzt. Der Sitz kann gedreht werden. Die Lenkung, die Pedale für Kupplung und Bremse sowie einige Handhebel werden umgesetzt, so daß der Fahrer sie bei Rückwärtsfahrt bedienen kann. Die Rückwärtsfahrt ist auf öffentlichen Straßen in der Regel nicht erlaubt

Der Schmalspurschlepper wird im Obst- und Weinbau eingesetzt. Die Anbaugeräte werden entsprechend schmal gehalten. Bedingt durch die geringen Abmessungen ist seine Leistung begrenzt und die Bedienungshebel liegen nahe beieinander. Die schmale Bauart bei der Arbeit in Hanglagen erfordern vom Fahrer große Aufmerksamkeit im Hinblick auf mögliches Umkippen

Der Frontladerschlepper soll über eine starke Fronttriebachse verfügen. Es sind relativ hohe Trag- und Losreißkräfte möglich. Mit der Frontladerschwinge müssen Höhen von 3,50 m überwunden werden. Der Schlepper soll kompakt und wendig sein. Er soll über Reversiergetriebe verfügen, um das Vorwärts- und Rückwärtsfahren zu erleichtern. Die Frontladerschwinge soll leicht an- und abbaubar sein

Das Einstellen der Schlepperspur auf die jeweilige Reihenweite der Pflanze kann über Verstellfelgen, das Drehen der Räder oder das Verschieben des Rades auf der Achse vorgenommen werden. Dabei ist auch bei schmalen Reifen für den Pflegeschlepper auf genügend Tragfähigkeit zu achten. Oft sind nur relativ niedrige Geschwindigkeiten möglich

Der Forstschlepper ist rein äußerlich an der Schutzausrüstung rund um das Fahrzeug zu erkennen. Zusätzliche Rückeschilder oder eine Seilwinde werden oft als Anbaugeräte mitgeführt. Bodenschonende, aber mit stabiler Seitenflanke ausgeführte Reifen sind erforderlich. Der Schlepper soll außerdem kompakt und wendig gebaut sein

ge Zugmaschinen auf öffentlichen Straßen, wenn überhaupt nur, in Ausnahmefällen fahren. Die dem EU-Fahrerlaubnisrecht angepaßten L- (bis 32 km/h) und T- (bis 40 km/h) Modelle für 16jährige werden wohl erst 1998 wirksam werden. Sie gelten übrigens nur für lof-Zugmaschinen und deren Anhänger. Übrigens, einige Schlepperhersteller bieten eine relativ einfache Änderung an, die Höchstgeschwindigkeit auf 32 km/h zu drosseln. Die muß natürlich in die Kfz-Papiere eingetragen werden. Der 16jährige kann damit aber fahren.

Breitreifen sind in

Verschiedene Reifengrößen werden oft im Beiblatt der Kfz-Papiere angeboten. Mittlerweile sind auch die Breitreifen für höhere Geschwindigkeiten geeignet.

Besonders die Spurenbildung mit dem leistungsstärkeren Schlepper läßt sich nur durch eine Reifenverbreitung mit Breitreifen verringern. Vorteilhaft erweist sich auch hier ein niedriger Reifeninnendruck, eventuell über eine Reifendruckregelung. Bei vorhandenen schweren Schleppern wäre auch zu prüfen, ob sie abzuspecken sind. Das heißt, Ballast wie Frontlader, Zusatzgewichte sollten leicht abbaubar sein. Das gilt im wesentlichen für die Saatbettbereitung. Achten Sie darauf, daß bei der Pflugarbeit eine genügend ausgeräumte Pflugfurche für die Breitreifen entsteht. Die immer breiter ausgeprägten Reifen erfordern manchmal auch ausreichend Freiräume im seitlichen Traktorfrontbereich, damit die Wendigkeit nicht negativ beeinflußt wird.

Die nutzbaren Anbauräume

Leistungsstarke Schlepper führen entsprechend schwere Anbaugeräte, insbesondere Drehpflüge, Kombinationen oder Transportbehälter mit und können überfordert sein. Dies bezieht sich in erster Linie auf das Fahrwerk und die Tragelemente für den Front- und Heckanbau des Schleppers bei ausgehobenem Zustand der Geräte. Frontgewichte sind notwendig, um die nötige Vorderachsbelastung einzuhalten.

Einige Standardschlepper haben eine Rahmenbauweise, die es zuläßt, eher größere Nutzmassen mitzuführen. Sie schränkt die Biegebeanspruchung auf der Schlepperlängsachse ein. Einige Maschinen werden hydraulisch angetrieben. Für sie werden entsprechende Ölzapfstellen benötigt.

Der Fahrerstand

Die Traktorkabinen bieten sehr viel Komfort. Trotzdem sollte sich der jeweilige Fahrer mit den Sichtverhältnissen nach „draußen und drinnen“ vertraut machen. Auch die Hebelanordnung – es befinden sich sehr viele davon rechts vom Fahrer – wäre zu prüfen. Die Schallpegelwerte sind relativ niedrig und die Sitze lassen sich vielseitig einstellen.

Übrigens, säubern Sie auch die drehbaren Teile des Sitzes möglichst nur mit dem Staubsauger und schmieren Sie nach der Bedienungsanleitung. Das kann die Standzeit erhöhen. Zusätzliche Kommunikationstechniken sollten den Freiraum nicht beeinträchtigen. Nehmen Sie nur so viel „Elektronik“ wie nötig.

Nach den letzten heißen Sommern ist der Wunsch nach einer Klimaanlage gestiegen. Die Kompressor-Kühlanlagen sind zu empfehlen.

Garantiebestimmungen

Der Händler läßt sich bei der Maschinenübergabe die Einweisung quittieren. Lassen Sie sich ausreichend einweisen und lesbare Bedienungsanleitungen geben. Dem Landwirt ist dringend anzuraten, eine Anpassungs- bzw. Feldprobe mit den Fahrzeugen bzw. Geräten vorzunehmen. Dies gilt besonders beim überbetrieblichen Einsatz, wenn Schlepper, Geräte, Maschinen und Anhänger ausgetauscht werden sollen.

Schwere leistungsstarke Zugmaschinen ziehen oft nur Maschinen und Geräte mit großen Arbeitsbreiten. Sie werden angehängt mitgeführt, weil sie als Anbaugerät kaum noch zu tragen sind. Die Heckhydraulik ist dann auch kaum erforderlich. Große Traktoren über 200 kW Motorleistung verfügen über hohe Eigengewichte und große Abmessungen. Damit sie noch einigermaßen wendig bleiben, sind es vielfach Knicklenkerausführungen

Für die Rasenpflege auf Sportplätzen werden relativ leichte Schlepper benötigt. Sie haben vorn und hinten Reifen mit sogenannten Hammerprofilen. Diese hinterlassen kaum Spuren. Der Schlepper für die Rasenpflege benötigt teilweise Kriechgänge für langsame Arbeitsgeschwindigkeiten

Die landwirtschaftlich orientierten Schlepper werden auch im Kommunalbereich oder für die Landschaftspflege eingesetzt. Die Geräte lassen sich ohne weiteres mit dem Schlepper kuppeln. Für diese Arbeiten gibt es keine Gasölverbilligung und es sind auch Einkommensgrenzen zu berücksichtigen

Diese Gleiskettenfahrzeuge sind selten auf landwirtschaftlichen Betrieben zu finden. Dort, wo weniger tragfähige Böden vorhanden sind und trotzdem genügend Zugkraft notwendig ist, werden sie eingesetzt. Sie hinterlassen relativ geringe Spuren. Sie können auf der Straße mit den kunststoffähnlichen Raupen bis 50 km/h schnell fahren

Der Hofschlepper soll so schmal gebaut sein, daß er durch Türöffnungen von unter 1m fahren kann.
Er soll außerdem sehr wendig sein.
Er wird zum Entmisten, Futterholen oder zu anderen Hofarbeiten mit verschiedenen Werkzeugen ausgerüstet

Größer, breiter, schneller

Auch die Landwirtschaft muß entsorgt werden

von Michael Brettnacher

Bei der Entsorgung der Landwirtschaft fällt vor allem die in den Ställen anfallende Gülle ins Gewicht. Allerdings sind die Zeiten, in denen mit einem am Traktor angehängten 500-Liter-Faß die Wiesen mit Odel oder auch Jauche bekleckert wurden, bald endgültig vorbei. Hochmoderne „Gülletechnik" hat in vielen Fällen die Kombination Traktor mit Anhänger und aufgelegtem Güllefaß ersetzt, denn man möchte den gasförmigen Verlust von Stickstoff bei der Ausbringung vermeiden und gleichzeitig die einschlägigen Düfte gar nicht erst entstehen lassen.

Sonderprogramme der Landwirtschaftsministerien der Länder haben zur vermehrten Gründung von Gülle-Ausbringgemeinschaften geführt. Wenn sich mehrere Landwirte zusammentun und gemeinsam investieren, lohnen sich die hohen Kosten für eine moderne Güllekette. Hauptgerät ist dabei die Maschine auf dem Feld: Der Naturdünger soll bodenschonend und bodennah ausgebracht werden. Die Lösung stellen drei- oder vierrädrige Fahrzeuge dar, mit extrabreiter, großvolumiger Bereifung und mit Schleppschläuchen am Heck, die auf großer Breite den Flüssigmist direkt über dem Humusboden, unterhalb der Grasspitzen z. B. verteilen. Solch ein Holmer „Terratrac" hat Allradantrieb und vier gelenkte Räder. Er wird damit wesentlich wendiger als mit zwei gelenkten Rädern, außerdem kann er die Jauche im „Hundegang" seitlich versetzt verteilen. Das hat zur gewünschten Folge, daß jeder Teil überfahrener Fläche nur einmal von einem Rad überfahren wird und damit eine geringstmögliche Bodenverdichtung erreicht wird.

Mit ausgefeilter Technik wird hier die Gülle ausgebracht: Der Holmer Terra-Variant hat Allradantrieb, Vierradlenkung und einen Motor mit 370 oder 420 PS

Mit einem Saugrüssel „tankt“ das Ausbringfahrzeug in kurzer Zeit 8 000 bis 10 000 Liter Flüssigmist aus einem Zubringer-Fahrzeug

Mit vier gelenkten Rädern ist das große Fahrzeug äußerst wendig

Hundegang: Deutlich sieht man, daß die Hinterräder auf einer eigenen Spur laufen und somit der Boden geschont wird

Mann ist der dick: 45 Jahre und ein entsprechender Größenunterschied liegen zwischen den beiden landwirtschaftlichen Fahrzeugen: Vorne ein Unimog 2010 von 1951, dahinter der Holmer von 1996

Ein Terra-trac hat zwischen 370 und 420 PS, der Motor ist hinter der Fahrerkabine in einem separaten, begehbaren Maschinenraum untergebracht. Neben dem Fahrersitz ist ein Computer untergebracht, mit dem die auszubringende Güllemenge genau dosiert werden kann. Abhängig von der Fahrgeschwindigkeit, der Konsistenz des Flüssigmistes und auch der Hangneigung wird sichergestellt, daß die Jaucheverteilung nur Nutzen und keinen Schaden anrichtet.

In der Regel faßt der Tank des Terra-trac etwa acht Kubikmeter Gülle. Weil die Maschine überbreit ist und nicht allzu schnell, wird mit geeigneten Fahrzeugen die Gülle von der Hofstelle zum Feld gebracht. Meist handelt es sich hier um ausgemusterte Tankanhänger mit 16 bis 20 Kubikmetern Fassungsvermögen. Gezogen von Traktoren oder Unimog der schweren Baureihe, sind sie das Zwischenglied der Transportkette. Auf dem Feld übernimmt das Ausbringfahrzeug mittels Saugrüssel in kurzer Zeit die angelieferte Güllemenge. Während beim Einsatz auf Feldern mit Bewuchs und auf Wiesen die Schleppschläuche dicht über den Boden gezogen werden, um den Naturdünger bodennah auszubringen, wird auf brachen Feldern mittels eines am Heck der Ausbringmaschine angebrachten Grubbers der Dünger dicht unter die Feldoberfläche verteilt.

Hinter dem ganzen System steht eine ausgefeilte Organisation und Disposition. Je nach Entfernung der Hofstelle zum Feld müssen zwei, drei oder gar vier Transporteinheiten den Flüssigmist anliefern. Zeiten, in denen der Terra-Variant auf der Straße fährt, sind unproduktiv, also bemüht sich die Zentrale eines Maschinenrings darum, möglichst nah beieinander liegende Felder nacheinander zu düngen. Schließlich ist – trotz der heute großen und leistungsfähigen Maschinen – die ganze Aktion personalintensiv, denn sowohl das Ausbringfahrzeug als auch die Schlepper mit ihren Tankanhängern müssen gefahren werden. Neben einem effizienten Nutzen für den Landwirt bewirkt das System auf alle Fälle, daß Anwohner und Bevölkerung nur noch minimal vom Geruch der Gülle belästigt werden, und daß keine Bestandteile des Naturdüngers einfach in die Luft verschwinden.

Motorleistung

bei landwirtschaftlichen Zugmaschinen

Von Michael Brettnacher

Eigentlich wollte der Amerikaner Morgentau das besiegte Deutschland 1945 zu einem nahezu reinen Agrarstaat machen. Man überlegte es sich jedoch anders und ging – zumindest in den drei Westzonen – nach dem Marshall-Plan vor, der eine Säule des deutschen und europäischen Wiederaufbaus war. Überall drohten den Maschinenfabriken zwar Demontagen ihrer Produktionsanlagen, davon wurden jedoch diejenigen verschont, die landwirtschaftliche Maschinen aller Art herstellten. Darunter fielen auch landwirtschaftliche Zugmaschinen. Damit ist, unter anderem, die große Zahl von „Traktorenfabriken" zu erklären, die es bis Ende der fünfziger Jahre gab.

Weil die großen Güter im Osten an Rußland und Polen gefallen waren und in der sowjetisch besetzten Zone sowieso alles anders lief, die westliche und vor allem die südliche Landwirtschaft jedoch vorwiegend klein parzelliert war, bestand zunächst Bedarf an Traktoren mit Leistungen unter 25 PS. In vielen Dörfern hatten nur einige Großbauer einen Schlepper mit mehr als 30 PS Leistung. Ab etwa 1955 wurden von Fendt und Eicher auch Traktoren mit einer Leistung zwischen 40 und 50 PS angeboten, etwas später gesellte sich Schlüter in den Club der Hersteller damals großer Traktoren. Damit gab es oberhalb des Heeres von Ameisen neben den schon früher dem Großtraktorenbau verbundenen Hanomag und Lanz noch drei maßgebliche Hersteller, hinzu kam MAN mit seinem Angebot, vor allem allradgetriebener Traktoren. Auch bei Deutz konnte man Schlepper mit über 40 PS Motorleistung ordern.

Wer nun meint, man könne die Anbieter, vor allem aber die Art ihrer Produkte über einen Kamm scheren, irrt gewaltig: Bei Lanz kam man vom Glühkopf-Bulldog über den sogenannten Halbdiesel zum Volldiesel, der sich nun ganz normal mit einem elektrischen Anlasser in Betrieb setzen ließ. Allerdings blieb man dem Einzylindermotor treu, nur in der Versuchsabteilung wurde mit Zweizylindermotoren experimentiert. Damit hielt sich der Komfort der bis zu 60 PS starken Lanz-Bulldog weiterhin in Grenzen.

Durchweg mit Vierzylindermotoren, in der zweiten Hälfte der sechziger Jahre auch mit Dreizylindermotoren, waren die Schlepper von Hanomag ausgerüstet, die zwischen 40 und 60 PS Motorleistung hatten. Der gleichmäßige Lauf der Vorkammer-Dieselmotoren bot für Fahrer und zapfwellengetriebene Arbeitsmaschinen gleicher-maßen Komfort.

Drei und vier Zylinder arbeiteten in den größeren Traktoren von Eicher und Fendt, teilweise aus deren eigener Fertigung, teilweise von MWM oder Deutz.

Für den Einsatz gezogener, zapfwellengetriebener Mähdrescher standen also Traktoren mit Mehrzylindermotor von Eicher, Fendt, Hanomag, MAN, später Schlüter und mit Einschränkungen die großvolumigen Einzylinder von Lanz zur Verfügung. Bei MAN baute man noch drei Sechszylinder-Prototoypen mit 60 PS Leistung, die eigentlich für den Export nach Persien bestimmt waren. Aus irgendwelchen Gründen wollte sie Herr Pahlevi dann doch nicht. Während heute genau diese Traktoren in der einschlägigen Oldtimerszene eine wundersame Vermehrung durchgemacht haben, weiß niemand so genau, wo die drei Originale verblieben sind; einen wähnt man bei Jakob Angerer in Ostin am Tegernsee. Weil der Sechszylindermotor auch in MAN-Lkw eingebaut wurde, war es nicht allzu schwer, aus einem 50er mit vier Zylindern mittels Motortausch einen Sechszylinder mit 60 und mehr PS zu basteln. Wobei die Leistung von der Aufnahmefähigkeit des Getriebes bezüglich des nach der Kupplung ankommenden Drehmoments begrenzt wurde.

Eigentlich hätte die Landwirtschaft mit dem Angebot der Fahrzeugindustrie zufrieden sein können. Trotzdem stiegen die Motorleistungen der neu gekauften Schlepper weiter an. War Mitte der sechziger Jahre ein Traktor mit 35 PS auf einem süddeutschen Hof normalerweise der „Große", so stellt dieser heute die Untergrenze für den täglichen Einsatz dar. Zwar wird solch ein Gerät für alle möglichen Arbeiten nach wie vor eingesetzt, die „Leistungen" im Ackerbau werden jedoch eher mit Traktoren mit über 80 PS erbracht. Etwas niedriger fallen die Schleppergrößen im Grünlandbetrieb aus, wobei es auch da Ausreißer nach oben gibt.

Vergessene Vergangenheit: Die Firma Röhr gehörte zu den zahllosen Schlepperproduzenten, deren Blüte – wenn sie denn zum Blühen kamen – in den fünfziger Jahren war

Inbegriff des Traktors: Drei Lanz-Bulldogs verschiedener Jahrgänge in ihrer ganzen verölten Pracht

Große Höfe, auch in Süddeutschland, beschafften sich etwa von 1955 bis 1965 Schlepper mit 40 bis 60 PS, wie diesen dreizylindrigen Schlüter

Auch Eicher mischte bei den „Großen" mit: Solche Schlepper zogen den Mähdrescher und drei- und vierscharige Anhängepflüge

Mit zum letzten einzylindrigen Aufbäumen gehörte dieser 60-PS-Volldiesel-Lanz, da war die Lötlampe schon in die Ecke geflogen

Nun kann die ständige Leistungssteigerung der Traktoren nicht nur auf dem Prestigedenken der Landwirte basieren: Kauft der Huber 70 PS, nimmt der Nachbar Meier 75 PS. Vielmehr hat die Erhöhung der Nennleistung, die auch mit der Zunahme von Hubraum, mit der Steigerung des maximalen Drehmoments und mehr verbunden ist, sehr viel mit Traktion zu tun. Waren die MAN-Traktoren ihrer Zeit wegen ihres gleichmäßigen Laufes und des ausgereiften Allradantriebs weit voraus, so entdeckte man in den sechziger Jahren, daß der Schlepper mit Allradantrieb nicht nur dort weiterkam, wo der Hinterradschlepper bereits aufstecken mußte, z.B. beim Holzrücken oder auf Böden, die wenig Traktion boten. Vielmehr wurde mit vier statt zwei angetriebenen Rädern und ausgewogener Gewichtsverteilung der Boden bei gleicher Flächenleistung oder bei gleichen Anbaugeräten geschont.

Bodenverdichtung, Flächendruck, Erosion und Spurtreue sind einige Schlagworte, die aus den Instituten der landwirtschaftlichen Hochschulen heraustönten.

Damit zusammen hängt ein weiterer Schritt in der Landtechnik: Wurden der einfache Ablegemäher und der Bindemäher über ihre eigenen Räder angetrieben, was nur bei ausreichender Traktion des Zugfahrzeugs, ganz früher auch von Pferden oder Ochsen, gelang, setzte sich nun die zapfwellengetriebene Landmaschine durch: Damit konnte deren Kraftbedarf unabhängig von den Boden-, Reifen- und Traktionsverhältnissen kontinuierlich abgedeckt werden. Aber: Die Motorleistung des Traktors mußte mit dem Wachstum der angehängten oder angebauten Landmaschine wachsen. Fortan setzte sich die erforderliche Motorleistung des Traktors aus dem Kraftbedarf für die Fortbewegung plus Kraftbedarf für die angetriebene Landmaschine zusammen. Dabei gibt es Faustregeln, beispielsweise je Meter Mähbreite bei einem Tellermähwerk oder für eine Hochdruckpresse oder eine Anbaufräse.

Durchgesetzt haben sich die Mehrzylindermotoren in der Regel mit vier bis sechs Zylindern, der Allradantrieb und die Anbauräume an der Front und am Heck. Dabei sind die modernen Traktoren heute mit Zapfwellen vorne und hinten ausgerüstet. Ziel ist einerseits, mit einmaliger Überfahrt eine möglichst große Fläche zu bearbeiten, z.B. beim Mähen im Grünlandbetrieb mit Front- und Heckmähwerk, zum anderen mit einer Überfahrt mehrere Arbeitsgänge zu erledigen, z. B. bei der Feldbestellung im Frühjahr, mit der Bodenbearbeitung an der Front und dem Säen am Heck. An einer modernen Zapfwelle können bis zu 180 PS Leistung bei einer Wellendrehzahl von 1000 min-1 abgenommen werden, bei der ebenfalls genormten Drehzahl von 540 min-1 sind es immerhin noch 65 PS. Mit der Technik der Zapfwelle einher gehen die Varianten der Getriebezapfwelle, die nur bei eingerückter Fahrkupplung arbeitet, der Motorzapfwelle, die in Kombination mit einer Doppelkupplung arbeitet und als dritte und modernste Möglichkeit eine unabhängig vom Fahrbetrieb lastschaltbare Zapfwelle. Schließlich gibt es eine Wegzapfwelle, deren Drehzahl abhängig ist zur Hinterradrehzahl des Traktors.

Bei so viel Technik stellt sich die Frage, woraus die Zapfwelle entstand. Schon die Tragpflüge von Stock, Hanomag oder MAN, Vorläufer unserer heutigen landwirtschaftlichen Traktoren, hatten neben der mobilen Feldarbeit und ihrer Funktion als Zugfahrzeug die Rolle der stationären Antriebsquelle. Über eine am Getriebe angeflanschte Riemenscheibe wurden Dreschmaschine, Seilwinde, Pumpen zur Feldbewässerung und später Kreissägen über einen Lederriemen angetrieben. Auch Maschinen zur Fertigung von Seilen oder mobile Steinbrecher bezogen ihre Energie via Riemen und Riemenscheibe von Traktoren. Damit lösten die Traktoren die Dampflokomobile auch als halbstationäre Antriebseinheiten ab. Mit unterschiedlichem Durchmesser der Riemenscheibe sowie des abnehmenden Ra-

Lange bevor Fendt zum Marktführer in Deutschland avancierte, begab man sich im Allgäu auf den Trip zu mehr Schlepperleistung: Dieser Fendt liefert aus drei Zylindern 40 PS

Ohne Deutz geht nichts: Dieses Exemplar entstand, zumindest auf dem Reißbrett, lange vor dem Leistungsboom in der Landwirtschaft

Moderne Alternative aus Bayern: MAN bot nach dem Zweiten Weltkrieg Traktoren mit Vierzylindermotoren und Allradantrieb an, die heute mindestens 34 Jahre alt sind

Zwei komfortable Traktoren, die einst miteinander konkurrierten: MAN B45A von 1956 und Hanomag R 445, der 1957 oder 1958 gebaut wurde. Beide Traktoren haben Vierzylindermotoren, der MAN 3,2 Liter, der Hanomag allerdings 5,7 Liter Hubraum

Und noch etwas völlig anderes: Für kleinere Betriebe sowie als Zweitschlepper propagierten Fendt, Lanz und Eicher Geräteträger mit nach vorne abkippbarer Hilfsladefläche. Nur den Fendt-Geräteträger gibt es noch, heute in wesentlich stärkerer Ausgabe, in vielen Varianten und selbstverständlich auch mit Allradantrieb zu haben

des an der Arbeitsmaschine konnten zahlreiche, jeweils „passende" Übersetzungsverhältnisse ohne großen Aufwand erreicht werden. Nur die mechanische Instabilität und die Neigung der Riemen, bei auch nur geringfügiger Unstimmigkeit in der Positionierung von Traktor zu Arbeitsmaschine „abzulaufen", war lästig an diesem System. Zwar wurden die Riemen mit Harz und manchmal mit geheimnisumwitterten Substanzen an ihrer Lauffläche eingeschmiert, die Flüche der beteiligten Maschinisten, Bauern und Hilfskräfte stellten jedoch eine eigene Stoffsammlung dar. Möglicher Leistungsübertragung von Traktor zu Arbeitseinheit stand der zu hohe Schlupf zwischen Riemen und Riemenscheibe oftmals im Weg. Andererseits bestand an den Verknüpfungspunkten auch eine „Sollbruchstelle" im System, kaum einmal wurde ein Traktor wegen zu hoher Leistungsabfor-derung „abgewürgt", auch die Startphase im Arbeitseinsatz wurde dank natürlichem Schlupf elegant gemeistert.

Stabile Kraftübertragung bot und bietet jedoch nur die Zapfwelle. Außerdem erlaubt sie die sichere Kraftübertragung auf angehängte oder am Kraftheber befestigte Arbeitsgeräte. Selbst Aufbaugeräte lassen sich mit ihr antreiben.

Nur: Die von der Zapfwelle abgeforderte Leistung steht natürlich der erfolgreichen Fortbewegung des Traktors nicht mehr zur Verfügung. Ein eingangs erwähnter Traktor mit 12 bis 25 PS ist in der Lage, einen zapfwellengetriebenen Kartoffel-Vorratsroder anzutreiben und zu ziehen. Auch ein Kreiselheuer mit drei bis maximal vier Metern Arbeitsbreite kann mit solch einem Traktor betrieben werden. Schwieriger wird es da schon mit einem Kreisel- oder Tellermähwerk: Als Faustregel gilt hier, je Meter Arbeitsbreite des Mähwerks sind 30 Traktoren-PS erforderlich. Zwar kann man mit einem 45er MAN ein Kreiselmähwerk mit 1,65 m Arbeitsbreite bedienen, die Arbeitsgeschwindigkeit und damit die stündliche Flächenleistung läßt jedoch zu wünschen übrig. Als Faustregel gilt, alle Anbau- und Zuggeräte, die deutlich jünger sind als der Traktor, sind einer Leistungsbedarfsprüfung zu unterziehen. Ganz gemein sind alte Bilder, auf denen ein Unimog 411 mit gezogenem Mähdrescher im Einsatz zu sehen ist: Mindestleistung der Zugmaschine 35 bis 40 PS, maximale Leistung des entsprechenden Unimogs 34 PS. Tatsächlich war hier ein zweiter Unimog-Motor auf die Hilfsladefläche des Unimog verfrachtet worden, der allein dem Antrieb des Mähdreschers diente und natürlich auch einen Claas-Super automatic mit Kraft bedienen konnte. Schleppern gleicher Leistungsgröße war diese Arbeit verwehrt, denn wohin mit dem Separatmotor?

Die kontinuierliche Anhebung der Motorleistung bei landwirtschaftlichen Zugmaschinen hat ihre Ursprünge also nicht am Stammtisch der Dorfwirtschaft, sondern in der Wandlung und den Anforderungen der Technik in der Landwirtschaft. Traktion, Zapfwellenleistung und stündliche Flächenleistung sowie die Kombination mehrerer Arbeitsvorgänge, insbesondere bei der Feldbestellung, haben die Entwicklung bis zu einer heute üblichen Obergrenze von etwa 200 PS geführt. Lücken in der Leistungspalette füllen die Mittelklasseschlepper mit 60 bis 80 PS, Allradantrieb und manchmal auch mit vollhydraulischem Frontlader. Übrigens, die sind so begehrt, daß sie auch gebraucht nur recht teuer zu erstehen sind.

Oldies im Dutzend

von Axel Gerund

Auf meinen Streifzügen durch das schöne Ostfriesland, auf der Suche nach begeisterten Oldtimer-Sammlern, wurde ich in Georgsfeld, in der Nähe von Aurich, fündig. Hier in diesem von Viehzucht geprägten Landstrich wohnt Weert Bohlen mit seiner Familie.

Dem agilen Vorruheständler ist Langeweile fremd, da er täglich einige Stunden verwendet, um die seit 20 Jahren im Kern existierende Sammlung, die sich durchweg in einem guten Zustand befindet, zu pflegen und zu erweitern. Jeder Leser, der selbst schon alte Schlepper restauriert hat, weiß, daß Pflegearbeiten, Bewegungsfahrten, Ölwechsel und kleine Schönheitsreparaturen immer wieder aufs Neue erledigt werden müssen.

Bei einer zünftigen Tasse Tee erzählt mir Herr Bohlen, daß er sich am wohlsten im Blaumann und mit Schmiere an den Händen fühlt, und daß ihn Schlepper schon seit seiner Kindheit faszinieren. Ein schöneres Hobby könne er sich gar nicht vorstellen. Mit einem Schmunzeln im Gesicht fügt seine Frau hinzu, daß auch sie gegen diese Art der Freizeitbeschäftigung nichts einzuwenden hat, da ihr Mann ja ständig in ihrer greifbaren Nähe ist.

Nach einer Stunde intensiver Fachsimpelei in der typisch ostfriesisch eingerichte-

Keine Schleppersammlung ohne Lanz

Oldtimer in Lauerstellung: Deutz D25

Das Dieselroß schnauft immer noch

teten Wohnküche war Weert Bohlen dann bereit, mir die mittlerweile aus zwölf Schleppern bestehende Sammlung zu zeigen. Mit glänzenden Augen öffnete der stolze Besitzer das schwere Scheunentor, und die ersten Sonnenstrahlen fielen auf die betagten Veteranen. Mit viel Mühe sind die Scheunenwände mit historischen landwirtschaftlichen Geräten und alten Ackerrädern dekoriert. Beim Anblick der Schlepper fühlt sich der Betrachter um Jahrzehnte zurückversetzt.

Zuerst wurde der 1957 erbaute Hanomag R12 KB zur Besichtigung aus seinem „Dornröschenschlaf" erweckt. Wie selbstverständlich setzte sich der Motor des alten Schleppers heulend in Bewegung. Aufgrund seiner leichten Bauweise und des hochdrehenden Zweitakt-Diesel-Motors erhielt der R12 in den fünfziger Jahren zu Recht den Beinamen „Ackermoped". Wegen dieser negativen Eigenschaften setzte sich der seit 1953 für Betriebe unter 10 ha gebaute R12 bei den Landwirten nicht so recht durch. Für Weert Bohlen spielen diese negativen Attribute allerdings keine Rolle. Trennen würde er sich niemals von dem alten Hannoveraner, der zumindestens in Ostfriesland mittlerweile eine echte Rarität ist. Als weiteres Highlight präsentiert sich der 1955 erbaute Fendt Dieselroß F24 LA. Der Marktoberdorfer ist ebenfalls in einem tadellosen Zustand. Von Grund auf wurde der Schlepper restauriert. Sämtliche Lackierungsarbeiten (im Original-Farbton) wurden erst nach vollständiger Entrostung und anschließender sorgfältiger Grundierung durchgeführt. Ebenfalls wurden die Elektrik sowie der Motor einer Generalüberholung unterzogen.

Kantig und robust: Hanomag Perfekt 400

Wenig Motor unter der Haube: 13er Deutz

Zum Schluß wurden auf die frisch lackierten Felgen neue Pneus aufgezogen. Da der Schlepper eine gültige Zulassung besitzt, wird er noch heute gelegentlich für leichte Zugarbeiten eingesetzt. Der mit hydraulischem Kraftheber ausgestattete Schlepper beweist bei diesen Einsätzen, daß auch ein betagter Trecker durchaus noch Alltagsqualitäten besitzen kann.

Auf dem Weg zu seinem 13er Deutz erzählt mir Herr Bohlen, daß leider immer häufiger alte Schlepper aus Profitdenken nachlässig restauriert werden. Oft wird der Farbanstrich auf die mit Rost und Schmutz behafteten Teile „gepinselt". Bei entsprechender Farbdicke mag der Laie von einem guten Zustand sprechen. Der Fachmann erkennt allerdings mit geschärftem Blick, daß die Farbpracht nicht von Dauer sein wird, da die Oxydation unter dem Farbkleid munter fortschreitet. Eine so nachgiebig durchgeführte Restauration entspricht nicht dem Ziel, historische Landmaschinen für die Nachwelt zu erhalten. Bei einer intensiven Inaugenscheinnahme ist auch bei dem 1957 erbauten Deutz zu erkennen, daß die letzten Lackierungsarbeiten mit wenig Liebe vorgenommen wurden, doch nach einem „Kuraufenthalt" bei Familie Bohlen wird er schon in wenigen Monaten wieder technisch und optisch auf der Höhe sein.

Den kleinen Deutz erwarb Herr Bohlen von einem Landwirt aus Bensersiel, wo der Trecker noch bis vor fünf Jahren im Einsatz war. Der mit einer Riemenscheibe am Heck ausgestattete Einzylinder unterscheidet sich äußerlich nicht von seinem mit 11 PS ausgestatteten Bruder, der jedoch in wesentlich höheren Stückzahlen produziert wurde.

Ein weiteres Beispiel einer gelungenen Restauration ist der 1950 gebaute Lanz Ackerluft-Bulldog, der vor sechs Jahren in einem verwahrlosten Zustand aus der Nähe von Vechta für einige hundert Mark erworben wurde. Der alte Lanz holt aus seinem Hubraum von 4,7 Litern stolze 25 PS bei einer Nenndrehzahl von 850 U/min heraus.

Der Bulldog wurde vollständig in seine Einzelteile zerlegt und in einem Zeitraum von zwei Jahren neu aufgebaut. Bei dem Ersatz defekter Teile wurde besonders Wert darauf gelegt, daß nur Original-Ersatzteile zum Einsatz kamen.

Noch einige Restaurierungsobjekte, wie zum Beispiel ein Deutz D25 mit Mähwerk sowie ein MAN-Schlepper, stehen auf der Warteliste von Herrn Bohlen. Als Liebhaber alter Schlepper ist es gut zu wissen, daß es Menschen wie Weert Bohlen gibt, die durch ihren unermüdlichen Einsatz Sorge tragen, daß die alten, zum Teil schon nicht mehr existierenden Traditionsmarken auch in Zukunft nicht in Vergessenheit geraten.

Hanomag R12, alias Ackermoped oder Düsenjäger

Ein 45 PS Hürlimann (Schweiz) von 1962, aufgenommen bei einer Schlepperveranstaltung in Marsberg-Essentho (Westfalen)

Was willst Du denn damit?

von Axel Gerund

Ehrlich gesagt konnte ich zu diesem Zeitpunkt meiner Frau, die mir diese Frage stellte, keine in ihren Augen plausible Antwort geben.

Doch nun stand er da, der Marktoberdorfer aus der ff-Reihe, Baujahr 1963, 19 PS. Es war im Sommer, als ich mir den langgehegten Wunsch erfüllte, mir einen Oldtimertrecker zuzulegen. Einem langjährigen Bekannten aus Aurich, der schon seit etlichen Jahren der Oldtimerei verfallen ist, stattete ich, mit etwas Geld in der Tasche, einen Besuch ab. Drei top restaurierte Lanz-Bulldog, zwei Hanomag sowie zwei Fendt-Schlepper kann der stolze Besitzer sein eigen nennen. Mein Blick fiel auf der Suche nach einem geeigneten Oldie sofort auf den fix 2 von Fendt. Zweizylinder, Luftkühlung, 6-Gang-Getriebe mit zwei Rückwärtsgängen und mit einem überholten Motor ausgestattet.

Da mein erster Schlepper, den ich restaurieren wollte, zumindestens technisch halbwegs auf der Höhe sein sollte, war das Geschäft nach einer intensiven Probefahrt perfekt. Kupplung o.k, Kaltstartverhalten in Ordnung. Auch der hydraulische Kraftheber sowie die Zapfwelle waren gangbar.

Drei Tage später konnte ich den Schlepper mit roten Nummernschildern auf Achse von Aurich nach Leer überführen. Bei ca. 25 Grad und Sonnenschein waren die ersten Kilometer mit meinem Oldie ein wahres Vergnügen. Mit ca. 20 km/h ging es auf Feldwegen und ruhigen Kreisstraßen dem Ziel entgegen. Zu Hause angekommen, wurde mein Oldie in die Werkstatt gefahren. Nach Original-Schmierplan für den fix 2, den ich nach einem Anruf beim Werk samt einer Bedienungsanleitung kostenlos erhalten hatte, wurden die Schmierarbeiten gewissenhaft erledigt, die in den letzten zwei Jahren der Stillegung wohl niemand mehr vorgenommen hatte.

Für die nun folgenden Restaurationsarbeiten hatte ich mir 6-8 Monate Zeit gegeben. So hatte der fix 2 erst einmal Ruhe. Halt, nicht ganz! Da wir zu diesem Zeitpunkt unser Grundstück umgestalteten, mußten unserem Vorhaben einige alte Obstbäume weichen. Die Arbeiten wurden zusammen mit meinem Schwiegervater und Schwager ausgeführt. Beide Landwirte, rückten sie mit schwerem Gerät, einem Fiat 140/90 und einem Fendt-308 LS an. Der große Fiat-Schlepper zog ohne große Kraftanstrengung die alten Obstbäume aus dem Erdreich. Doch das Abfahren der Stämme und Äste erwies sich als schwierig, da gerade im hinteren Teil des Grundstückes nicht genügend Wenderaum für die großen Allrader vorhanden war.

Doch die Lösung für dieses Problem stand frisch abgeschmiert und aufgetankt in meiner Werkstatt. Ohne Problem ließ sich der fix 2 starten. An dem schweren Strautmann-Kipper angekuppelt, mußte mein Schwager schmunzeln. Zugegeben, die Proportionen stimmten bei diesem Gespann irgendwie nicht, und die beiden Fachleute waren sich in ihrer Einschätzung einig. Ziehen würde der 19er fix 2 den jetzt wohl vier Tonnen schweren Anhänger auf dem weichen Boden nicht. Doch ich war zuversichtlich. Im ersten Ackergang und bei zwei Drittel der Nenndrehzahl zog der Oldie nach kurzem Aufbäumen und starker Qualmentwicklung (wohl verdreckte Düsen) an. Aufgrund des kleinen Lenkradius konnten wir nun die zuvor zersägten Bäume abfahren. Mit Genugtuung fuhr ich auf meinem Oldie sitzend, der schnaufend den schweren Anhänger zog, an meiner Frau vorbei. Die Antwort auf die von ihr einige Tage zuvor gestellte Frage gab der fix 2 in diesem Moment selbst!

„Nein, ich bin längst noch nicht zu alt und kann immer noch kräftig mithelfen."

Fendt fix 2, Baujahr 1963, 19 PS, Zweizylinder, Luftkühlung, 6-Ganggetriebe

KS
L 2133